KB158251

조선의 양생법

조선의 양생법

2022년 10월 20일 초판 인쇄
2022년 10월 25일 초판 발행

지은이 | 정창권
교정교열 | 정난진
펴낸이 | 이찬규
펴낸곳 | 북코리아
등록번호 | 제03-01240호
주소 | 13209 경기도 성남시 중원구 사기막골로 45번길 14
　　　우림2차 A동 1007호
전화 | 02-704-7840
팩스 | 02-704-7848
이메일 | ibookorea@naver.com
홈페이지 | www.북코리아.kr
ISBN | 978-89-6324-970-4(13900)

값 15,000원

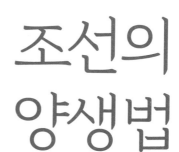

조선의
양생법

정창권

북코리아

여는 글:
양생, 최고의 건강관리법

돈을 잃는 것은 적게 잃는 것이요

명예를 잃는 것은 크게 잃는 것이요

건강을 잃는 것은 모든 것을 잃는 것이다.

일요일이면 자주 가는 북한산 둘레길에서 보았던 글귀다. 우리는 돈과 명예를 잃으면 세상을 다 잃은 것처럼 생각하면서도 정작 건강을 잃으면 내 모든 걸 잃어버린다는 생각은 하지 못한다. 그래서 나는 이 글귀를 보면서 건강의 중요성을 새삼 되새기곤 한다.

현대 사람들은 병원 만능주의에 빠져 있다. 몸이 아프면 병원만 가면 다 나을 거라고 생각한다. 심지어 병원에 가면 죽음마저 피할 수 있을 거라고 생각한다. 우리가 평소 신경 쓰는 거라곤 고작 매달 의료보험료를 꼬박꼬박 내는 것뿐이다. 어느새 질병도 돈으로 해결하는 시대가 되어버린 것이다.

옛사람들은 의학이 발달하지 않아서인지 질병의 치료보다 예방을 더욱 중시했다. 현존하는 가장 오래된 중국의 의서인 『황제내경』에서도 이렇게 지적했다.

"성인은 이미 병든 것을 다스리지 않고 아직 병들지 않은 것을 다스린다."

이미 병든 뒤에 약을 써봐야 늦기 때문이다. 진정한 명의도 병이 나기 전에 치료할 줄 아는 사람을 말했다.

특히 옛사람들은 양생법을 배워 건강을 지키고 하늘이 내려준 수명인 천수(天壽)를 누리고자 했다. 위의 『황제내경』에서도 "상고 시대 사람들은 양생의 도(방법)를 알아 음식을 절도 있게 먹고, 일상생활을 규칙적으로 했으며, 분별없이 몸을 괴롭히지 않았기 때문에 몸과 마음을 모두 건강하게 하여 천수(100세)를 누릴 수 있었다"라고 말하고 있다.

실제로 전통 시대 동양의 의학관은 양생과 의학을 양대 축으로 여겼을 뿐 아니라 오히려 의학보다 양생에 더욱 비중을 두었다. 예부터 중의학은 양생을 매우 중시하여 양생학이 발달했으며, 현대에도 중국에서는 중의학, 서양의학, 양생학으로 분류할 정도라고 한다.

조선 시대 사람들도 양생을 매우 중시했다. 특히 16세기 유학자(성리학자)들이 심성 수양, 즉 몸과 마음을 수양하기 위해 양생을 적극적으로 받아들이면서 조선에서도 양생학이 본격적으로 발달했다. 이후 17세기 전반에는 양생에 심취한 유학자들이 등장하여 독자적인 양생서를 편찬했을 뿐만 아니라 양생과 의학의 전통을 통합한 기념비적인 작품 『동의보감』이 탄생했다. 그에 따라 17세기 이후인 조선 후기에는 종합적이고 체계적인 양생서가 계속 출현했는데, 홍만선의 『산림경제』에 이르러 한국 양생의 전통이 확립되었고, 서유구의 『보양지』는 당시 중국과 조선의 양생법을 총합하여 만든 한국 양생사의 걸작이라 할 수 있다.

하지만 근대 이후 서양의학이 득세하면서 한의학과 함께 양생학도 급격히 사라져갔다. 그 결과 현재 우리나라는 중국과 달리 거의 서양의학만 남게 되었다.

현대의학은 항생제의 발달로 급성질환의 치료에는 큰 향상을 이루었다. 하지만 만성질환이나 생활습관병에 대한 문제는 여전히 숙제로 남아 있다. 현대는 100세 시대로 오래도록 질병을 예방하고 건강한 상태를 유지하는 게 중요해지고 있는데, 현대의학은 그에 대한 분명한 한계를 갖고 있다.

게다가 현대의학은 생긴 지 얼마 되지 않은 신생 분야다. 그럼에도 건강 유지와 관련해서 수천 년 동안 축적되어온 전통의학과 양생학의 지식이나 경험을 너무 성급하게 내팽개쳤다.

건강은 병이 난 뒤에 치료해서 되찾는 것이 아니라 병이 나기 전에 잘 관리하고 유지하는 것이 중요하다. 그런 점에서 선인들이 몸으로 터득하여 후대에 전해준 양생에 대해 새롭게 주목할 필요가 있다. 양생은 병이 나기 전에 미리 막을 수 있는 최고의 건강관리법이기 때문이다.

이 책은 근대 이후 잃어버린 양생의 전통을 새롭게 복원하기 위해 마련한 것이다. 먼저 양생의 개념과 기원, 역사적 전통 등 양생의 역사를 개괄적으로 살펴본 다음, 조선의 양생법을 총론, 마음, 성, 음식, 신체, 도인술, 양로술 등으로 유형을 나누어 체계적으로 살펴보고자 한다. 또한 구체적인 양생법에 대해 머리 복잡하게 구구절절 설명하기보다는 직접 원문의 번역본을 통해 그야말로 생생하게 살펴본다.

　이 책이 잃어버린 양생법을 복원하여 현대인이 건강을 유지·관리하여 각종 질병을 예방하는 데 조금이나마 도움이 되었으면 싶다. 더 나아가 건강은 치료가 아니라 예방이라는, 현대인의 건강에 대한 패러다임을 전환하는 데 조금이나마 기여했으면 한다.

2022년 9월

태정(泰井) 정창권

차례

차례

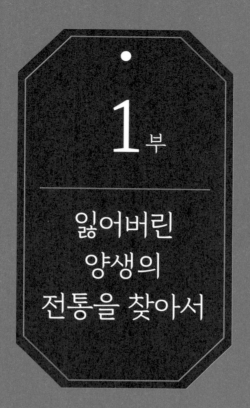

1부

잃어버린
양생의
전통을 찾아서

1
건강 장수의 비결

양생의 개념과 목적

양생(養生)이란 '섭생'이라고도 하는데, 말 그대로 생명을 기른다는 뜻이다. 국어사전에는 "몸과 마음을 건강하게 해서 오래 살기를 꾀한다"라고 나와 있다.

양생의 목적은 질병에 걸리지 않고 건강과 장수를 도모하기 위함이다. 예부터 건강과 장수하는 사람들은 저마다 양생의 도(방법)를 알고 실천했다. 음식을 먹는 데 절도가 있었으며, 일상생활도 규칙적이었다. 또 성욕을 절제하고, 복식호흡으로 기운을 북돋웠다.

우리 인생에서 건강만큼 중요한 것이 어디 있겠는가? 아무리 머리가 좋고 세상에서 하고 싶은 일이 많은 사람도 몸이 아프면 아무런 소용이 없다. 무엇보다 몸이 건강해야 공부도 하고 세상에서 하고 싶은 일도 할 수 있다.

또한 장수야말로 최고의 행복이다. 인생에서 오래 사는 것만큼 큰 행복도 없을 것이다. 만약 단명하게 되면 아무리 재산을 산더미처럼 쌓아 놓았어도 무용지물이 될 것이며, 지식이나 학문의 진보도 더 이상 이루어질 수 없다.

본래 인간의 수명은?

그렇다면 인간은 과연 얼마나 오래 살 수 있을까? 본래 인간은 적어도 120세까지 살 수 있다고 한다. 선천적 기질이 완전하고 삶의 방식이 양생의 도에 맞으면 그 정도까지 산다는 것이다. 반대로 선천적 기질이 불완전하고 삶을 아무렇게나 살아간다면 그만큼 단명하게 된다고 한다. 조선 후기 대표적 양생서인 서유구의 『보양지』에서는 인간의 수명에 대해 이렇게 말하고 있다.

사람은 자연의 기를 받아 살아가는데, 비록 방술을 모르더라도 양생의 이치에 맞으면 보통 120세까지는 살 수 있다. 수명이 그에 미치지 못하는 것은 모두 손상을 입었기 때문이다. 조금이라도 양생의 도를 깨우치고 실천한다면 240세까지도 살 수 있다. 다시 오래 사는 약물을 조금 보탠다면 480세까지도 살 수 있다.

『양생연명록』, 『보양지』

조선의 양생법

사람의 수명은 하늘의 원기로 60세, 땅의 원기로 60세, 사람의 원기로 60세이니, 이를 모두 더하면 180세가 된다. 그러나 경계하고 삼갈 줄 모르면 날마다 줄어든다. 정기를 굳게 지키지 않으면 하늘의 원기로 얻은 수명이 줄고, 도모하는 일이 지나치면 땅의 원기로 얻은 수명이 줄고, 음식을 절제하지 않으면 사람의 원기로 얻은 수명이 줄어든다. 보배롭게 여기고 아껴야 할 것을 사랑할 줄 모르고, 금하고 꺼려야 할 것을 피할 줄 모르면, 정신은 날마다 소모되고 질병은 날마다 다가와서 수명이 날마다 줄어들게 된다. 『삼원연수참찬서』, 『보양지』

원래 인간의 수명은 120세, 180세이나, 그에 미치지 못하는 것은 양생하지 않아 기를 손상시켰기 때문이라는 것이다.

실제로 현재까지 인간의 최고 수명은 미국 119세, 캐나다 117세, 스페인 114세, 독일 112세 등이었다. 프랑스의 잔 칼망 할머니는 인간 수명의 최장수 기록을 세웠는데, 122년 164일을 살았다. 또한 오래 사는 사람일수록 죽는 날까지 더 좋은 건강 상태를 유지할 가능성이 크다고 한다. 잔 칼망도 죽기 전까지 굳세고 반항적이며 세상에 대한 호기심이 많고 독립심이 매우 강했으며, 뭐든지 새로운 것을 시도하기 좋아하는 낙천주의자였다.

이처럼 양생의 전통을 잘 알고 실천하면 인간의 본래 수명인 약 120세까지 건강하게 살아갈 수 있다.

2
양생의 기원:
중국의 전통적인 건강관리법

양생과 의학은 하나다

양생은 원래 중국에서 기원했다. 예부터 중국 사람들은 양생을 매우 중시했다. 서문에서도 언급했듯이, 현존하는 가장 오래된 의학서인 『황제내경』에서는 "성인은 이미 병든 것을 다스리지 않고 아직 병들지 않은 것을 다스린다"라고 하면서 질병의 예방을 강조했다. 특히 그들은 양생법을 배워 심신을 건강하게 하고 하늘이 내려준 수명인 천수를 누리고자 했다.

그럼 중국에서 양생은 과연 언제부터 존재했을까? 중국에서는 양생법의 하나인 도인술이 이미 1천여 년 전인 수렵활동 시대부터 존재했다고 한다. 단적인 예로 1973년 장사 마왕퇴 3호의 한나라 무덤에서 「도인

마왕퇴에서 출토된 「도인도」

도(導引圖)」가 발견되기도 했다. 44명이 상하 4줄로 늘어서서 도인술을 하고 있는데, 노인에서부터 어린이까지 포함되어 있는 것으로 미루어 당시 양생법은 남녀노소를 불문하고 보편적으로 행해졌음을 알 수 있다.

예부터 중의학에서도 양생을 매우 중시했는데, 양생과 의학을 양대 축으로 여겼을 뿐 아니라 의학을 통한 병의 치료보다 양생을 통한 예방을 더욱 중시했다. 그 결과 중의학은 양생과 의학 두 갈래로 전해져 내려왔고, 현대의학도 동양의학, 서양의학, 양생학 세 가지로 분류할 정도다.

중국의 명의들은 대대로 양생과 의학을 겸비했다. 예컨대 동한 말기의 명의 화타는 의술이 뛰어났지만 양생에도 밝아서 나이가 100살이 되었는데도 장년의 용모를 지니고 있었다고 한다. 화타는 사람들이 평소 건강을 유지할 수 있도록 호랑이, 사슴, 곰, 원숭이, 새 등의 동작을 모방하여 '오금희'라는 신체 단련법을 만들었다.

당나라 때의 명의이자 의학자인 손사막은 의술이 정밀하고 뛰어나서 백성의 추앙을 받았고, 당시 황실로부터 존경을 받았다. 당 태종 이세민은 "위대하고 훌륭한 백대의 스승이로다"라는 시를 지어 그를 칭송했다.

손사막은 652년 고희(70세)를 넘긴 나이에 전설적인 의서 『비급천금방』을 저술했다. 그리고 30년 후 100세가 넘은 나이에 또다시 『천금익방』을 저술했다. 이 두 권을 한데 묶어 『천금방』이라 부른다.

손사막의 의서에는 양생에 관한 내용이 많이 들어 있었는데, 그중 가장 중요한 것이 절양술(節養術)이다. 다시 말해 정기의 과도한 사용을 피하라는 것이다. 성생활을 절제하고, 망령된 생각을 없애며, 희로애락에 쉽게 빠지지 않는 등 정기의 소모를 최소한으로 줄여야 한다는 것이다. 또한 손사막은 병 치료에서도 약이 3할이고 양생이 7할이라고 했다.

남조 제량의 도인이자 명의인 도홍경도 양생과 의학을 겸비했는데, 현존하는 가장 오래된 양생서인 『양성연명록』을 남겼다.

양생법의 발전

춘추전국 시대에 제자백가의 출현은 양생법의 발전을 더욱 촉진시켰다. 먼저 노자와 장자를 대표로 하는 도가는 불로장생하여 신선이 되는 것을 추구했는데, 그들은 "마음이 깨끗하고 맑아서 일체의 인위가 없다"는 청정무위(清靜無爲)의 양생법을 제창했다.

공자나 맹자를 대표로 하는 유가의 양생법은 수신·처세 철학과 밀접한 관련이 있다. 다시 말해 유가의 양생법은 도덕 수양을 강화하는 데 있었다. 예를 들어 공자는 "인자한 자가 장수한다"고 했는데, 인자한 자란 바로 높은 도덕성을 갖춘 사람을 말했다. 이러한 유가의 수신 양생법은 조선 중기 성리학자들에게도 많은 영향을 끼쳤다.

기원전 221년 진시황이 중국을 통일했다. 이후 진·한 시대부터 수·당 시대에 이르는 기간에 양생법은 한층 더 발전했다. 진시황과 한무제는 불로장생에 남다른 관심을 보여 양생법의 발전을 촉진시켰다. 특히 진시황은 13세에 왕이 되고 39세에 천하를 평정하여 중국 역사상 가장 거대한 통일국가를 건설했다. 이렇게 천하통일의 대업을 완성한 진시황은 선인들의 불로장생법을 통해 오래도록 죽지 않고 권력을 누리고 싶어

했다. 그래서 자신도 신선이 되고자 서시와 소년·소녀 3천 명을 동해로 보내 불로초를 구해오도록 했다.

또한 당나라 때는 앞에서 언급한 손사막 같은 양생법에 조예가 깊은 사람들이 많이 출현했으며, 단(丹)을 먹거나 돌을 복용하는 등 황당하고 괴이한 양생법도 나타났다.

송·원 시대에는 진직, 추현, 주진형, 이붕비 등 저명한 양생가가 등장하여 다양한 양생서가 편찬되었다. 먼저 송나라 양생가들은 질병을 치료하는 데 음식을 특히 중시하여 음식 양생법의 발전에 크게 기여했다. 대표적으로 진직은 일찍이 태주 홍안현 현령으로 있는 동안 『양생봉친서』를 지어 음식 양생의 중요성과 구체적인 방법을 서술했다. 그는 약물 치료보다 음식 요법이 더 좋다고 했다.

원나라 때의 주진형은 어려서부터 글 읽기를 즐겨 공자와 맹자의 책을 읽었는데, 30세 이후에는 의학을 공부하여 『단계심법』, 『격치여론』 같은 의학서를 편찬하여 중국 역사상 저명한 의학자가 되었다. 또한 주진형은 '도창술(倒倉術)'이라는 양생법을 개발했다. 도창이란 위와 장에 있는 찌꺼기를 토해내는 것을 말한다. 인간은 맛있는 음식을 대하면 과식하기 마련인데, 병을 예방하고 장수하려면 도창술로 그것을 제거해야 한다고 했다.

원나라 사람 추현도 『수친양로신서』를 편찬했는데, "연로하신 부모를 돌보아 오래 살게 하는 새로운 책"이라는 뜻으로 일종의 효도 실천법이었다. 총 4권으로 구성되어 있는데, 권1은 기존 진직의 『양로봉친서』를 보충했고, 권2~3은 약 제조법, 권4는 고금의 훌륭한 말과 착한 행실을 수록했다. 이 책은 조선에서도 간행되어 많은 사람이 언급했다. 농암 이현

보는 이 책의 핵심을 요약하여 『양로서』라는 책을 엮었고, 미암 유희춘은 이 책에 실려 있는 양생법을 선조에게 아뢰었다. 이에 대해서는 뒤에서 자세히 살펴보도록 하자.

원나라 사람 이붕비도 1291년 『삼원연수참찬서』라는 의학 및 양생서를 지었는데, 이 책 역시 조선의 의학과 양생서에 많은 영향을 끼쳤다. 조선에서는 세종 20년(1438)에 간행되어 양반 사대부의 자기수양 및 어버이를 효성으로 봉양하기 위한 책으로 널리 읽혔다. 특히 이 책에서는 도교의 외단 수련에서 주장하는 금석(金石)을 약으로 복용하는 것을 경계하고 일상적인 양생법을 제시했다.

명·청 시대에 이르러 양생법은 더욱 큰 발전을 이루는데, 특히 노인 양생법인 양로술이 크게 발전했다. 원래 양로술은 앞에서 언급한 당나라의 손사막에 의해 창시되었다. 그는 사람이 노년기에 들어서면 생리적·심리적으로 변화를 일으키므로 노인은 양생에 더욱 주의를 기울여야 한다고 했다. 나이가 들수록 마음을 편안히 하고 적당히 운동해야 노화를 방지하고 장수할 수 있다는 것이다. 위에서처럼 송나라 진직도 『양로봉친서』를 저술하여 노인들의 주거지, 음식조절, 약물치료, 금기 등에 이르기까지 비교적 상세히 서술했다. 마찬가지로 원나라 추현도 진직의 『양로봉친서』를 정리·증보하여 『수친양로신서』를 내놓았다.

명·청 시대에 이르러 양로술은 더욱 발전하여 완비되었다. 그중에서 가장 영향력 있는 책이 고겸의 『준생팔잔』과 조정동의 『노노항언』이었다. 고겸은 『준생팔잔』에서 노인들의 계절별 양생법, 음식 조절법, 생활 방법, 약물 보양 등에 대해 깊이 있게 서술했다. 청나라의 저명한 양생가인 조정동은 유가 양생법에 관한 서적들을 탐독하고, 거기다가 자신만

의 양생법을 첨가하여 『노노항언』을 저술했다. 이 책은 노인들의 적당한
의식주 등 일상생활에 대해 간편하고도 알기 쉽게 소개하고 있다.

3
조선 시대
양생의 역사

16세기 유학자들의 양생과 의학 공부열

양생은 본래 중국에서 생겨나고 발달한 건강관리법이다. 중국에서 양생은 의학과 함께 양대 축을 형성하며 발전해왔고, 현대까지도 자연치유법의 하나로 계속 이어지고 있다.

중국의 양생은 주변국인 조선, 일본에도 많은 영향을 끼쳤다. 조선의 경우에는 16세기 유학자, 특히 성리학자들을 중심으로 크게 유행했다. 서문에서처럼 그들은 질병 예방만이 아니라 심성 수양의 차원, 즉 몸과 마음을 수양하는 방편으로 양생을 받아들였다. 그래서 우리나라에서도 조선 중기 이후 유학자에 의해 여러 가지 양생론이 제기되었을 뿐 아니라 본격적인 양생서가 편찬되었다.

물론 당시 유학자들은 양생과 함께 의학에도 관심이 많았다. 유학자들은 평소 의학을 공부하여 의술에 밝은 편이었다. 예컨대 퇴계 이황은 젊어서부터 몸이 좋지 않아 별도로 의학을 공부하여 자기 몸을 지켰을 뿐만 아니라 가족과 이웃의 병을 치료해주기도 했다. 특히 퇴계는 20세 때 벗들과 함께 경북 영천에 있는 한 의원을 찾아가 의술을 배운 적도 있었다. 서애 유성룡도 의술, 특히 침술에 밝았으며, 미수 허목 역시 어린 시절부터 의학에 관한 서적들을 탐독하여 많은 의론을 꿰고 있었고 질병 치료가 뛰어나기로 유명했다. 우암 송시열도 의학에 밝아 『삼방촬요』라는 의서를 짓기도 했다. 『삼방촬요』는 총 11권으로 이루어져 있는데, 증세마다 병의 근원과 처방, 침구, 단품 등 치료법을 상세히 서술했다.

　　심지어 유학자들 가운데 의술에 뛰어난 실력을 가진 '유의(儒醫)'가 출현하기도 했다. 대표적으로 묵재 이문건은 각종 의서를 통해 스스로 의술을 익혀 자신과 가족은 물론 노비의 질병을 손수 치료해주었다.

그들은 왜 의학과 양생에 관심을 가졌나?

　　그렇다면 16세기 유학자들이 의학과 양생에 관심을 가진 이유는 과연 무엇이었을까?

　　첫째, 당시의 열악한 의료 환경 때문이었다. 16세기인 조선 중기에도 일반 사람들이 정부의 의료혜택을 받기란 결코 쉬운 일이 아니었다.

「무화기 감로탱화」, 국립중앙박물관

당시 서울에는 '명의'라 불리는 사람이 손가락으로 꼽을 정도로 적었고, 그마저 일이 매우 바빠서 고위 관료의 끈이 없으면 그들에게 진료를 받기란 힘들었다. 지방은 상황이 더욱 열악했다. 지방에는 명의가 거의 없었을뿐더러 의학적 식견을 가진 의원도 없었다. 각종 약재도 값이 매우 비쌌고, 그마저 서울에는 있었지만 지방에는 없는 경우가 많았다. 그래서 유학자들이 직접 의학을 공부하여 의술활동을 펼쳤으며, 질병을 예방하기 위한 방편으로 평소 양생에도 힘썼다.

둘째, 의학과 양생을 통해 효를 실천하기 위해서였다. 예나 지금이나 부모가 가장 걱정하는 것은 자식들의 건강이다. 공자도 "부모는 오직 자식이 병들까 걱정한다"라고 말했다. 또한 공자는 "내 몸은 머리부터 발끝까지 부모로부터 물려받은 것이니 다치지 않는 것이 효의 시작이다"라고 했다. 그러므로 부모로부터 물려받은 신체를 잘 보존하기 위해 의학과 양생에 관심을 갖는 것은 효를 최고로 여기는 당시 유학자로서는 매우 중요한 일이었다.

그와 반대로 혹시라도 부모가 질병으로 고생하다가 세상을 떠나게 된다면 자식으로선 크나큰 불효가 아닐 수 없었다. 그래서 유학자들은 부모를 잘 봉양하기 위해 평소 의학이나 양생에 관심을 갖고 미리 공부해야 했다. 대표적인 예로 묵재 이문건은 42세경 어머니의 질병을 치료하기 위해 비로소 의학을 공부했다고 한다.

더 나아가 성리학자들은 기본적으로 도학정치를 추구했는데, 도학정치의 목표는 남에게 어짊을 베푸는 '인정(仁政)'이었다. 그런데 인정은 다름 아닌 백성의 몸을 편안하게 하는 것에서부터 시작되었다. 다시 말해 의술과 양생으로 백성을 구하는 일은 인정의 중요한 부분이었다.

셋째, 성리학은 원래 수기(修己), 즉 자기수양의 학문이었다. 양생에서도 수양을 매우 중시했는데, 왜냐하면 양생은 바로 몸과 마음을 수양하여 건강한 상태를 유지하는 것이었기 때문이다. 당연히 성리학자들은 그러한 양생을 중시할 수밖에 없었다. 이처럼 성리학자들은 자기수양의 차원에서 양생을 받아들였다.

넷째, 유학자들은 학문 자체에 대한 탐구심 때문에 의학을 공부하기도 했다. 의학은 학문적으로도 매력 있는 분야였다. 그것은 병을 고치는 동시에 우주, 자연세계와 연관된 심오한 학문이었기 때문이다. 그래서 유학자들은 학문의 연장선에서 의학을 탐구했는데, 이는 양생에 대해서도 마찬가지였다.

4
16세기
유학자들의 양생론

　　16세기 조선 중기 이래 유학자들은 위에서처럼 의학뿐만 아니라 양
생에 대해 많은 관심을 갖고 건강을 돌보거나 자신만의 양생론을 펼쳤다.
그들의 구체적인 양생법들은 뒤에서 유형별로 분류하여 자세히 살펴보
기로 하고, 여기서는 먼저 그들의 양생에 대한 관심과 논의, 주요 내용 등
을 시간 순서대로 개괄적으로 살펴보기로 하자. 그래서 조선 시대에 양생
이 얼마나 널리 유행하고 발달했는지 직접 확인해보도록 하자.

유의 이문건, 양생서를 읽다

위에서 언급했듯이 묵재 이문건(1494~1567)은 42세경 어머니의 질병으로 인해 의술을 익혔는데, 이후 의술이 뛰어나 가족과 노비는 물론 이웃들의 병을 널리 치료해주었다. 이문건은 질병을 치료하기 위한 의학만이 아니라 건강관리를 위한 양생서도 함께 공부했다. 이문건의 일기인 『묵재일기』를 보면, 그가 소장하거나 남에게 빌려본 20여 종의 의서 중에는 『주역참동계』(건강과 장수를 위한 내단서), 『식료찬요』(음식으로 몸과 병을 돌보는 방법), 『삼원연수참찬서』(자기수양과 부모 봉양법), 『양로서』(노인 봉양법), 『활인심방』(마음을 잘 다스리는 비결) 등 다수의 양생서가 포함되어 있다. 그가 건강관리를 위해 얼마나 많은 양생서를 읽었는지 알 수 있는 대목이다. 실제로 『묵재일기』를 보면 그가 여러 가지 양생법을 시도했음을 알 수 있다. 그 대표적인 사례를 몇 가지만 살펴보기로 하자.

1546년 9월 16일. 양생가(養生歌) 1장을 써서 안태유에게 주었다.

1547년 1월 25일. 흰머리를 뽑고 대추엿 바르는 것을 양생을 위한 마지막 임무로 여겨왔는데, 오늘부터 그만두려고 한다.

1552년 11월 22일. 솔가루를 먹었다. 도인술은 하지 않고 머리만 빗었다.

1562년 6월 2일. 솔잎을 먹었다.

이처럼 이문건은 평소 건강을 유지하기 위해 양생서를 읽거나 대추엿, 솔잎 같은 약이 되는 음식을 복용했으며, 도인술 같은 건강체조를 하기도 했다.

퇴계의 양생 지침서, 『활인심방』

퇴계 이황(1501~1570)은 젊어서부터 무리한 공부로 건강을 해치고 말았다. 그래서 의학에 깊은 관심을 갖고 공부하여 자신의 몸을 지킴은 물론 주변의 가족이나 친척, 이웃의 병을 치료해주기도 했다. 실제로 『퇴계전서』를 보면 주위 사람들의 질병에 편지로 처방을 내려주는 모습이 상당수 발견된다.

퇴계는 또한 양생에도 관심이 많았는데, 『퇴계전서』에도 몸과 마음을 지키기 위해 양생법을 행하는 모습이 많이 남아있다. 예를 들어 퇴계는 가끔 심장의 화 기운이 위로 올라오는 증세가 있었다. 그때마다 퇴계는 도인법의 하나인 발바닥의 용천혈을 문질러 온몸에 땀이 나도록 했더니 즉시 나았다고 한다.

퇴계의 양생에 대한 관심을 가장 잘 보여주는 것은 역시 『활인심』을 필사한 사실이다. 『활인심』은 명나라 태조 주원장의 아들 주권이 지은 의 이황, 『활인심방』

서이자 양생서로, 서문과 상·하 2권으로 구성되어 있다. 도가의 양생사상을 바탕으로 해서 모든 병의 근원은 마음에서 비롯되므로 마음을 잘 다스리는 것이 건강과 장수의 비결이라고 했다. 서문에서는 마음의 중요성과 이 책을 쓰게 된 유래를 밝히고, 상권에서는 마음의 병을 치료할 수 있는 중화탕, 화기환을 비롯해서 일상생활에서 실천할 수 있는 양생법, 도인법, 육자결, 보양음식 등을, 하권에서는 각종 임상처방을 다루고 있다. 퇴계는 그중 상권만을 베끼고, '활인심'에 '방' 자를 붙여 제목을 『활인심방』이라 했다. 퇴계는 이 책을 자신의 양생 지침서로 삼았는데, 구체적인 내용은 뒤에서 유형별로 나누어 구체적으로 살펴보기로 하자.

서애 유성룡의 「양생계」

퇴계의 문인 서애 유성룡(1542~1607)도 스승처럼 의술을 배워 자신의 몸을 지켰을 뿐 아니라 주변 사람들의 병을 성심껏 돌보았다. 서애는 의술 중에서도 특히 침술에 밝았다.

서애는 또한 약한 기운을 타고나서 천부적으로 병약했으므로 평소 건강을 위해 양생에 힘썼다. 그는 양생이란 음식을 조절하여 오장을 화평하게 하고, 색욕을 적게 하여 인간이 갖고 있는 본래의 기운을 길러야 하는 것으로 보았다. 하지만 그도 스승 퇴계처럼 다른 무엇보다 중요한 양생법으로 마음을 기르는 '양심(養心)'을 들었고, 그러한 마음을 기르는 데는 욕심을 적게 하는 것보다 좋은 것이 없다고 했다.

노수신의 일상 양생법

소재 노수신(1515~1590)도 16세기 대표적인 학자 중의 한 사람이었다. 처음 학문의 출발은 성리학이었으나, 이후 육왕학, 불교, 도교 등의 사상을 두루 섭렵하여 독자적인 학문세계를 이룩했다. 29세에 초시, 회시, 전시에 모두 장원으로 급제하여 관직에 나아갔다. 그러나 32세인 1547년 양재역 벽서사건에 연루되어 1566년까지 20여 년의 긴 유배생활을 했다. 1567년 선조가 즉위하자 마침내 유배에서 풀려나 순탄한 관직생활을 했고, 1573년 우의정과 1578년 좌의정을 거쳐 1585년에는 영의정에 올랐다.

노수신은 양생에 매우 밝아 문집 『소재집』 내집 하편에 그의 양생론이 자세히 전하고 있다. 우선 그는 "조섭(양생)의 일은 평안한 날에도 위태로울 때를 잊어서는 안 되는 것이니, 만약 병이 생겨난 후에 치료한다면 헛수고일 뿐이다"라고 말했다. 또한 그도 양생의 근본을 치심(治心), 즉 마음을 다스리는 데 두었다. 예컨대 문집 『소재집』 내집 하편에서 이렇게 말했다.

사람의 몸과 모든 일에서 가장 먼저 병을 얻는 것이 마음이다.

마음이 군주의 기관이요 다른 것들은 그에 따르기 때문이다. 그 아래에 비위(지라와 위. 소화기관)가 있으니 장부에 영향을 주어 혈기의 근원이 된다. 맨 아래에 신장이 있으니 정(精)을 보존하고 뼈를 주관하니 몸의 근본이라 할 만하다. 그러므로 치심(마음 다스리기) → 위양(위 기르기) → 보신(신장 보호하기)의 순서대로 말하고자 한다.

그러고는 의식주 등 일상의 양생법을 구체적으로 나열하고 있다. 예컨대 식생활에서는 음식을 절도 있게 먹고, 고량진미를 피하며, 술과 차는 가급적 조금만 마시도록 당부하고 있다. 의복도 때에 맞게 적절히 입도록 하고, 주거에서는 무엇보다 바람을 조심하라고 당부하고 있다.

하서 김인후의 「제양생서」

하서 김인후(1510~1560) 역시 조선 중기 대표적인 유학자였다. 1540년 문과에 급제하고 1543년 홍문관 박사 겸 세자시강원 설서가 되어 왕세자 인종을 가르쳤다. 그러나 인종이 즉위한 지 9개월 만에 죽고 을사사화가 일어나자, 병을 이유로 사직하고 고향 장성으로 돌아가 학문 연구와 후학 양성에만 전념했다.

김인후는 양생에서 무엇보다 '정(精: 정액)'의 보존을 강조했다. 양생의 제1 원칙은 정액을 유지 · 보전하는 것이고, 그다음이 마음을 평안히 하는 것이라고 했다. 예컨대 『하서전집』권3 「제양생서(題養生書)」라는 시에서 이렇게 말했다.

> 진실로 양생법을 논한다면
> 정액을 굳히는 게 제일이라네.
> 마음을 함부로 피로케 말고
> 행동거지는 일정한 규칙이 있도록.
> 음식조절을 착실히 못할 경우에는
> 온갖 병이 이로부터 생겨난다네.
> 사사로움을 이겨 조식법(호흡법)으로 회복하고
> 하늘을 향해 땅의 기운이 응한다면
> 해와 달, 별이 기울어도 안 늙을 텐데.
> 어찌 일백팔십 살만 살겠는가.

비록 한 편의 짧은 시이지만 당시의 거의 모든 양생법을 포함하고 있다. 김인후는 무엇보다 성(性) 양생법을 가장 중시했다. 그 밖에 마음, 신체, 음식, 호흡 등의 양생법을 잘 실천하면 180세 이상까지도 살 수 있다는 것이다.

미암 유희춘, 선조 임금께 양생법을 가르치다

미암 유희춘(1513~1577)은 조선 중기 유학자이자 문신으로, 호남 사림의 대표적 인물이었다. 26세인 1538년 과거에 급제하여 사간원 수찬, 정언, 무장현감 등을 지냈다. 하지만 노수신과 마찬가지로 1547년 양재역 벽서사건에 연루되어 20여 년간 귀양살이를 했으며, 선조 때 다시 출사하여 벼슬이 홍문관 부제학에 이르렀다. 1567년부터 1577년까지 11년여간 매일같이 기록한 『미암일기』(보물 제260호)의 저자로도 유명하다.

유희춘도 어려서부터 몸이 좋지 않아 양생을 공부하며 건강을 돌보았다. 게다가 그는 다섯 살 때 왼쪽 다리에 큰 종기가 생겼는데, 부모가 침을 잘못 맞혀 마침내 다리를 저는 지체장애를 입고 말았다. 특히 그는 양생에 매우 밝아 선조 임금께 자주 양생법을 가르쳐주기도 했다. 다음은 『선조실록』 6년(1573) 1월 21일조의 기사인데, 유희춘이 임금께 음식에 관한 양생법을 알려주는 대목이다.

유희춘이 아뢰기를,
"듣건대 아침 수라를 아직 드시지 않고 점심에 이르렀다 하니
놀랍고 답답함을 견디지 못하겠사옵니다. 대저 사람이 저녁은 혹
거를 수 있으나 아침, 점심은 거를 수 없는 것이옵니다. 새벽에 흰
죽을 드시오면 위장의 기운이 부드러워져서 진액을 내게 되는데,
이것은 양생의 경험방이니 전하께서도 시행하옵소서."
하였다.

아침과 점심은 반드시 먹어야 하고, 특히 새벽마다 흰죽을 먹어 위장의 기운을 부드럽게 하면 건강에 매우 좋다는 것이다.

이듬해에도 유희춘은 여러 가지 양생서에서 비위를 조절하는 양생법들을 뽑아 선조 임금께 올렸다. 다음은 『선조실록』 7년(1574) 1월 10일 조의 기사다.

　　유희춘이 비위(지라와 위. 소화기관)를 조절하는 방법과 식료단자를 써서 아뢰기를,
　　"신이 외람되게도 경연에서 모시며 전하의 증세를 살펴보고는 염려됨을 견디지 못했사옵니다. 약을 쓰는 것이야 어의가 이미 의술대로 다하여 진실로 남아있는 방법이 없을 것입니다만, 식료(음식)로 원기를 튼튼하게 하는 방법은 그래도 말씀드릴 만한 것이 있사옵니다. 신이 의서는 조금도 접해보지 못했으니 감히 그 내용이야 논할 수 있겠사옵니까마는, 신이 어려서부터 몸이 약했기에 병이 나는 것을 막으려고 양생의 글은 조금 보았사옵니다. 이번에 구구하게 변변치 못한 정성으로 비위를 조리하는 방법에 관한 다섯 가지 방법을 뽑아 열거하여 올리옵니다. 생각해 보시고 채택하여 전하의 몸을 보양하신다면 이보다 큰 다행함이 없겠사옵니다."
　　하였다. 이에 임금이 비망기로 답하기를,
　　"경이 올린 글을 보니 충성이 지극하다. 치료에 도움이 될 것이므로 진실로 아름답고 기쁘게 여기는 바이다."
　　하였다.

유희춘이 "의술은 모르지만 양생에 대해서는 조금 아는데, 이번 기회에 임금을 위해 비위를 조절하는 다섯 가지 양생법을 뽑아 올리니 참조하라"는 것이다.

몇 달 뒤 유희춘은 다시 지난번 자신이 알려준 양생법의 효능에 대해 묻는데, 선조 임금은 매우 좋다고 하면서 비위만이 아니라 온몸의 병을 예방하는 데도 도움이 되겠다고 한다. 다음은 『선조실록』7년(1574) 5월 20일조의 기사다.

> 유희춘이 아뢰기를,
> "비위는 음식으로 인해 생기기도 하고, 혹은 과도한 독서 때문에 생기기도 하고, 더러는 기거(생활)에 절도가 없어서 생기기도 하옵니다. 신이 이전에 올린 양생에 관한 글들은 『연수서』, 『수친양로서』, 『산거사요』, 『명의잡서』, 『사림광기』 등 일체의 양생서에서 뽑아낸 것이옵니다."
> 하였다. 상이 이르기를,
> "그 말들이 매우 좋았다. 과연 그대로만 한다면 비위만 조리하게 되는 것이 아니라 온몸의 갖가지 병도 모두 생기지 않을 것이다. 다만 내가 모두를 그렇게 하지 못하는 것일 뿐이다."
> 하였다.

이처럼 유희춘은 평소 다양한 양생서를 보면서 여러 가지 양생법을 알고 있었다.

유희춘은 또한 자신의 양생법을 가정의 교훈인 '정훈(庭訓)'에 써서 후손들에게 남겨주기도 했다. 예컨대 기거에 바람을 조심할 것, 식후에는 온수로 양치질하고 배를 문지르며 100보를 걸을 것, 썩은 과일이나 생선은 먹지 말 것 등 일상생활 속의 양생법을 모아 자손들에게 물려주었다.

5
16~17세기
유학자들의 양생서 편찬

　　16~17세기 유학자 중에는 평소 양생에 관심을 갖고 건강을 돌보거
나 질병을 예방하는 차원을 넘어서 직접 자신만의 본격적인 양생서를 편
찬하기도 했다. 다만 조선 후기 본격적인 양생서에 비하면 아직은 체계
가 정립되지 않았고 내용도 부실한 편이다. 그 대표적인 사례로 정유인의
『이생록』, 조탁의 『이양편』, 이창정의 『수양총서류집』을 들 수 있다.

정유인, 『이생록』

정유인(1504~1553)은 조선 전기 명재상 정광필의 손자로, 중종 때 과거에 급제하여 벼슬이 정3품 봉상시정에 이르렀다.

그는 태어날 때부터 몸이 허약하여 20세경 중병을 얻었는데, 이를 극복하고자 예부터 전해오는 의서와 양생서를 두루 열람하여 자신만의 양생법을 터득했다. 예컨대 생각을 적게 하여 마음과 정신을 기르고, 색욕을 조심하여 정기를 기르며, 음식을 적당히 섭취하여 비위를 기르기도 했다. 마침내 그는 생활 속에서 터득한 양생법을 총망라하여 『이생록(頤生錄)』(1권 1책)이라는 양생서를 편찬했다. 이 책의 내용은 보양총요(양생에 대한 총론), 양심신조(마음을 기르는 방법), 양정원조(정기를 기르는 방법) 등을 비롯해서 기거, 행립(行立), 좌와(坐臥), 목욕, 세면 등에 이르기까지 각종 양생법을 논하고 있다.

『이생록』의 편찬 의도는 다음과 같은 서문의 앞부분에 잘 나타나 있다.

어리석은 내가 일찍이 손실이 쌓이면 몸에 꼭 병이 나고, 보양(양생)이 쌓이면 몸이 꼭 평온해지는 이치가 참으로 마땅하다 생각했다. 세상 사람들이 날마다 그 몸을 금석같이 튼튼하게 지키며 쓴다고 하는데, 작은 일이나 큰일을 하다 보면 걸핏하면 해로운 것들이 침입하여 처음에는 손실이 적으나 점점 쌓이게 되면 그 몸에 어찌 큰 병이 없으리오. 그러므로 편안하게 살면서도 위태로운 때를 생각해서 미리 싹트지 않도록 대비해야 한다.

　보양하는 방법을 알면 조리가 되지 않는 것이 없으니, 조금씩 기르다 보면 효과를 얻게 되고, 마침내 보양이 쌓이게 되면 어찌 몸이 편안하지 않으리오. 하지만 손실이 쌓인 다음에야 병이 드러나서 옛사람들은 조그만 손실이 해로움이 된다는 것을 알지 못하였고, 보양을 이미 쌓은 다음에야 효험을 보았기에 옛사람들은 적은 보양이 유익하다는 것을 알지 못했으니, 어찌 탄식하지 않으랴?

　건강은 몸이 편안할 때 미리 조금씩 대비해야 함을 강조하고 있다. 손실이 쌓인 다음에는 병이 이미 드러나서 아무런 소용이 없으니, 미리 병이 싹트지 않도록 양생법으로 몸을 보양해야 한다는 것이다.

조탁, 『이양편』

　조탁(1552~1621)은 호가 이양당(二養堂)으로, 선조 21년(1588) 사마시에 합격하고 선조 32년(1599) 별시문과에 장원급제했다. 이후 사간원 정언, 홍문관 교리, 사옹원 정 등 여러 벼슬을 역임하고, 광해군 때는 공조참판, 한성부 좌윤과 우윤 등에까지 올랐다. 하지만 그 뒤로는 관직을 떠나 두문불출하고 오직 책에 묻혀 살다가 70세에 세상을 떠났다.

조탁도 정유인처럼 20세경 병에 걸려 항상 건강을 제대로 돌보지 않은 걸 후회했다. 특히 육체의 욕망만 좇다가 마음이나 본성을 잃어버린 걸 후회했다. 이러한 사정은 그의 나이 65세인 1617년에 쓴 양생서 『이양편』의 서문에 잘 나타나 있다.

> 내가 약관(20세)에 병에 걸려 항상 신체를 잘 살피지 못하고 심신을 수련하지 못하는 것을 근심하였다. 병중에 『심경(心經)』을 읽는데 정이천 선생이 말한바 "내가 삶을 돌보지 않고 욕망을 따른 것을 깊이 부끄러워한다"라고 한 곳에서 척연하게 마음에 느끼는 것이 있었다. 그로부터 깊이 생각하기를 이 '망생순욕(忘生徇欲: 본성을 잃고 욕망을 좇음)' 네 글자가 양심(養心)과 양생(養生)의 약석이 될 것으로 여겼다. 대저 욕망이란 귀, 눈, 입, 코 사지의 욕망인데, 비록 사람에게 없을 수는 없지만, 이것이 많아도 절제하지 않는다면 그 마음을 잃어버리고 그 본성을 멸망케 할 사람이 적지 않을 것이다.

욕망의 절제를 강조하는 성리학의 금욕주의적 양생관이 그대로 드러나 있다. 사람이 욕망을 좇다 보면 결국 그 마음과 본성을 잃게 될 것이라는 말이다.

원래 조탁은 『심경』, 『소학』, 『근사록』 등에서 수양이 되는 글들을 뽑아 『자성편』이라는 책을 만들어 곁에 두고 읽곤 했으나, 1592년 임진왜란 와중에 잃어버렸다고 한다. 1608년(선조 41) 강릉부사에 부임한 그는 공무의 여가에 다시 집필에 들어갔다. 이전의 서적들은 물론 여러 경전,

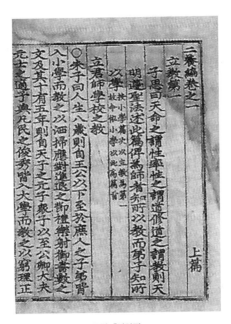

조탁, 『이양편』

문집에서 모범이 될만한 말과 행실을 채록했는데, 특히 심성의 이론에 뜻을 두고 수집했다. 이전에 만든 책보다 내용은 더욱 상세하게 갖추어졌으나, 아쉽게도 편차가 없어 체계가 서지 않았다. 그래서 『소학』의 편목과 『대학』의 조목으로 편명을 삼아 입교, 명륜, 격치, 성정, 수제, 치평이라 했다. 이 6편을 상편으로 삼으니 모두 '양심(養心)'에 해당했다.

하편은 치망, 치순, 무치 등 3편으로 '양생(養生)'에 해당했다. 치망 편은 천지, 운기, 내경, 외편으로 되어 있고, 치순과 무치 2편은 선현들의 양생에 대한 기록과 함께 이목구비, 사지의 욕망을 경계하는 말들, 그 밖에 양생 격언, 운기, 섭생, 치병 등으로 되어 있다. 치망 편은 『동의보감』을 중심으로 의학적 내용을 정리한 것이고, 치순 편은 성리학적 금욕을 서술한 것이다. 무치 편이 일종의 양생서라 할 수 있는데, 특히 '섭생'조에 다양한 양생법이 실려 있다.

이 책의 제목인 『이양편(二養編)』은 양심, 양생을 지칭하며, 현재 이 책은 국립중앙도서관에 소장되어 있다.

이창정, 『수양총서류집』

이창정(1573~1625)은 광해군, 인조 때의 문신으로 양주목사, 충청수사, 함경도 관찰사 등 주로 외직을 역임했다.

『수양총서류집』은 그의 나이 47세인 1620년에 편찬한 양생서다.

2권 2책 목판본으로, 현재 연세대, 고려대 도서관 등에 소장되어 있다. 또한 이 책은 일본으로도 전해져 비교적 이른 시기인 1669년(현종 10)에 간행된 바 있다.

이창정이 보기에 당시 중국의 수양 총서들은 편집이 고르지 못하고 의론도 중복되며, 중국의 산물 또한 우리나라와 같지 않고, 게다가 여러 대가의 수양 방법이 허망하고 조리에 맞지 않은 것이 많았다. 이에 그는 여러 서적을 고증하여 번다한 글은 줄이고 터무니없는 말은 없애며, 우리나라 현실에 적합할 뿐 아니라 알기 쉽고 실행하기 쉬운 수양법을 뽑아 상·하 2권으로 집대성했다. 상권은 양생에 관한 방법으로 총론, 마음, 신체, 기거, 기욕, 음식 등이며, 하권은 약물 및 구급단방으로 복용, 미곡, 초목, 금수, 충어, 도인, 의약 등으로 구성되어 있다.

6
『동의보감』,
양생과 의학을 통합한 기념비적 작품

16세기 유학자들에 의해 본격화된 양생은 17세기 전반에 이르러 최고조의 발달을 이루게 된다. 우리나라 양생의 역사에서 기념비적인 작품인 『동의보감』이 출현했기 때문이다. 『동의보감』은 양생과 의학의 전통을 하나로 통합하여 조선의 의학뿐만 아니라 양생을 새롭게 정립했다. 질병의 예방과 치료를 같은 차원에서 바라보게 한 것이다. 거기에서 결정적인 역할을 한 인물이 다름 아닌 선조 임금이었다.

지금까지 우리는 『동의보감』 연구에서 지나치게 허준에게만 초점을 맞춰왔다. 하지만 애초 『동의보감』은 선조의 적극적인 지시와 지원에 의해 이루어졌고, 선조의 양생과 의학관이 깊게 반영된 것이다. 이러한 사실은 『동의보감』의 서문에 분명히 나타나 있다.

우리 선조 대왕께서는 몸을 다스리는 법으로 모든 사람을 구제하려는 어진 마음으로 의학에까지 마음을 넓히시어 백성의 고통을 근심하셨다. 일찍이 병신년(1569)에 학질이 크게 유행하여 많은 사람들이 죽었는데, 임금께서 태의인 허준을 부르시고는 다음과 같이 하교하셨다.

"요즘 중국 의서를 보면 모두 용렬하고 조잡한 것만 모아놓아 볼만한 것이 없다. 마땅히 여러 의서를 널리 모아 하나의 책을 편찬하라. 또한 사람의 질병은 모두 조리와 섭생(양생)의 잘못에서 생기는 것이므로 수양을 우선으로 하고 약물(치료)은 그다음이어야 한다. 여러 의서가 너무 방대하고 번잡하니 그 요점을 고르기에 힘쓸 것이다. 가난한 시골과 외딴 마을엔 의원과 약이 없어서 일찍 죽는 자가 많다. 우리나라는 향약이 많이 나오나 사람들이 그것을 알지 못하니 마땅히 이들 약물을 분류하고 향약명을 함께 써서 백성들이 알기 쉽게 하라."

허준이 물러 나와 유의인 정작, 태의인 양예수, 김응탁, 이명원, 정예남 등과 더불어 편찬국을 세운 뒤, 모은 책들을 토대로 편찬하여 대략적인 줄거리만을 간략히 정리하였다. 그런데 정유재란(1569)을 당하여 여러 의서들이 뿔뿔이 흩어져 마침내 일을 중단하게 되었다.

그 후 선조께서 다시 허준에게 하교하여 혼자서라도 편찬하라하고, 궁궐에서 보관하던 의서 500권을 내어주어 이를 바탕으로 참고하고 근거로 삼게 하였으나, 편찬을 아직 절반도 이루지 못했는데 임금께서 돌아가셨다. 성상(광해군)께서 즉위하신 지 3년째인 경술년(1610)에 허준은 비로소 과업을 마치고 책을 진상하여

『동의보감』이라 이름 지으니 모두 25권이다.

이처럼 『동의보감』은 임진왜란 중 의서의 부족으로 백성의 고통이 심해지자, 선조가 허준을 비롯한 여러 의원에게 명하여 편찬하도록 한 의서였다. 25권 25책의 방대한 서적이었으며, 1596년부터 1610년까지 무려 14년이 걸린 작업이었다.

『동의보감』은 출간 직후부터 조선을 대표하는 의서로 자리 잡았으며, 18세기 이후에는 국제적인 의서가 되었다. 현재까지 중국에서는 대략 30여 차례 출간되었고, 일본에서도 두 차례 출간되었다. 그 국제적인 기여도를 인정받아 2009년 유네스코 세계기록문화유산으로 등재되었다.

그런데 『동의보감』에서 선조가 가장 강조한 편찬의식은 바로 '양생'이었다. 위의 인용문에서도 선조는 "사람의 질병은 모두 조리와 섭생(양생)의 잘못에서 생기는 것이므로 수양을 우선으로 하고 약물(치료)은 그다음이어야 한다"라고 의학보다 먼저 양생을 강조하고 있다. 사람의 질병은 모두 건강관리나 생활습관의 잘못에서 생기는 것이니, 양생이 우선이고 의학은 그다음이어야 한다는 것이다. 그래서인지 허준은 『동의보감』 편찬국을 세울 때 당시 양생의 대가인 정작을 맨 먼저 초빙했다. 정작은 유학자로서 의학 지식에도 밝은 유의(儒醫)로, 민간에서 형 정렴과 함께 도교적 양생술의 대가로 평가받고 있었다.

실제로 『동의보감』은 내경 편에서 병이 났을 때의 치료보다는 병을 예방하는 양생을 강조하고 있다. 『동의보감』은 5편으로 구성되어 있는데, 내경 편, 외경 편, 잡병 편, 탕액 편, 침구 편이 그것이다. 내경 편에서는 신체 내부와 관련된 질병 및 수양(양생), 노인병 등을, 외경 편에서는 신

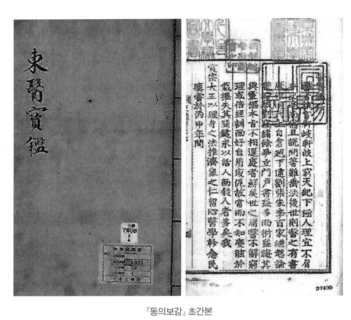

『동의보감』 초간본

체 외부와 관련된 질병을, 잡병 편에서는 그것들에 포함되지 않는 질병 및 부인과, 소아과 등을, 탕액 편에서는 약에 관한 이론과 구체적인 약물 지식을, 침구 편에서는 또 다른 치료 수단인 침, 뜸의 이론과 실제를 각각 다루고 있다. 이처럼 『동의보감』은 각각 별개로 내려오던 양생과 의학의 전통을 하나로 통합했다.

또한 『동의보감』은 앞의 퇴계 이황이나 서애 유성룡 같은 성리학자 들처럼 양생에서 무엇보다 마음을 중시하고, 정액이 몸의 근본이므로 색 욕을 삼가야 한다는 금욕주의를 강조하며, 그 밖에도 도인술과 양로술도 포함하고 있다. 『동의보감』은 그야말로 '종합 양생서'인 셈인데, 그 구체 적인 내용은 뒤의 조선 시대 양생법의 실제에서 유형별로 나누어 자세히 살펴보기로 하자.

이처럼 『동의보감』은 후대 사람들에게 많은 영향을 미쳐 거의 표준 적인 양생의 지침서가 되었다. 특히 아래에서처럼 조선 후기 양생서들은 대부분 『동의보감』의 영향을 받아 금욕 위주의 양생법을 강조하고 있다.

7
조선 후기,
한국적 양생의 전통이 확립되다

　한국에서 양생의 전통은 16세기인 조선 중기부터 본격화되었다. 유학자, 특히 성리학자들이 양생에 관심을 갖고 자신의 건강을 돌보거나 다양한 양생론을 펼치면서 널리 유행했다. 이후 17세기 전반에는 양생에 더욱 심취한 이들이 출현하여 자신만의 독자적이고 본격적인 양생서를 편찬했다. 물론 이 시기의 양생서들은 아직까지 구성이 비체계적이고 내용도 비교적 소략한 편이었다. 그러다가 17세기 전반에 이르러 양생과 의학의 전통을 하나로 통합한 기념비적 작품인 『동의보감』이 출현했다.

　양생의 전통은 17세기 후반 이후인 조선 후기에도 계속 이어졌고, 종합적이고 체계적인 양생서가 지속적으로 출현하는 등 이전에 비해 더욱 발달했다. 조선 후기의 대표적인 양생서로는 허균의 『한정록』, 홍만선의 『산림경제』, 유중림의 『증보산림경제』 등의 '섭생(양생)' 편과 서유구의 『보양지』 등을 들 수 있다.

이 가운데 허균의 『한정록』 속 '섭생' 편은 비록 다양한 양생법을 수록하고 있으나, 내용이 일정한 체계 없이 아무렇게나 나열되어 있는 형편이다. 하지만 홍만선의 『산림경제』 속 '섭생' 편에 이르면 서문의 편찬 의도를 비롯해서 총론, 심지를 기름(마음 수양법), 기욕을 줄임(성 양생법), 음식을 조절함(음식 양생법), 신체를 보전함과 기거를 조심함(신체 보전법), 도인 · 구선도인결 · 복식 · 신침법(도인술) 등 다양하고 풍부한 양생법이 일정한 유형에 따라 체계적으로 제시되어 있다. 특히 『산림경제』의 양생법은 이전의 성리학과 『동의보감』의 양생론에 영향을 받아 마음 수양과 성의 금욕주의가 매우 중시되고 있다. 물론 그들 양생법은 『수양총서』, 『수진비록』, 『복수전서』, 『사시찬요』 등 중국의 여러 양생서에서 차용한 것들이 많지만, 홍만선의 『산림경제』에 이르러 비로소 한국 양생의 전통이 확립되었다고 해도 과언이 아닐 듯하다. 나아가 서유구의 『보양지』에 이르면 권1 총서, 권2 정 · 기 · 신, 권3 기거와 음식, 권4 수진, 권5 복식, 권6 수친양로 등처럼 그 내용도 대폭 늘어나고 구성도 더욱 체계화되면서 마침내 한국 양생사가 절정을 이루게 된다. 서유구의 『보양지』는 당시 중국과 조선의 양생법들을 총합하여 만든 한국 양생사의 걸작이라 할 수 있다.

허균, 『한정록』: 성리학적 금욕론

허균(1569~1618)은 동인의 영수 허엽의 아들이자 허난설헌의 동생으로, 조선의 명문장가로 이름을 떨쳤다. 1594년 정시 문과에 을과로 급제하여 예문관 검열, 세자시강원 설서가 되고, 1597년 문과 중시에서 장원으로 급제하여 황해도 도사, 형조정랑, 좌참찬 등을 지냈다. 하지만 1598년 황해도 도사가 되었을 때 서울의 기생을 끌어들여 가까이했다는 이유로 6개월 만에 파직되고, 1604년에는 수안군수가 되었으나 불교를 믿는다는 이유로 탄핵당하기도 하는 등 평생 자유분방한 삶을 살았다.

허균은 양생에도 깊은 관심을 보여 자신의 문집 『성소부부고』에 적잖은 작품을 남겨놓았다. 대표적으로 『성소부부고』 권12 「임노인 양생설」과 부록 『한정록』 제15권의 '섭생(양생)' 편을 들 수 있다. 「임노인 양생설」은 양로술에 관한 이야기인데, 뒤의 '노년 양생법' 편에서 자세히 살펴보고자 한다.

『한정록』의 '섭생' 편은 중국의 고금 도서인 『도서전집』, 『금단정리대전』, 『현관잡기』, 『주자전서』 등에서 양생에 관한 구절들을 뽑아 모아놓은 것인데, 마음, 음식, 성, 신체, 도인술 등 각종 양생법이 소개되어 있다. 특히 지금까지 허균은 "음식과 성욕은 사람의 본성이다"라고 말하며 본능에 충실한 삶을 살았던 것으로 널리 알려져 있으나, 여기에서는 앞의 『동의보감』처럼 정액의 보존을 강조하는 성리학적 금욕론을 보여주고 있다. 다만 허균은 평소 도교에도 깊이 빠져 있었던 탓인지, 각종 호흡법과 외신 보호법, 안마법 등 도인술에 많은 관심을 보이고 있다. 그 구체적인 양생법에 대해서는 뒤에서 유형별로 나누어 자세히 살펴보기로 하자.

홍만선, 『산림경제』: 한국 양생의 전통 확립

홍만선(1643~1715)은 숙종 대의 문신이자 실학자로서, 조선 후기 실학 발전의 선구적 인물로 평가받고 있다. 1666년(현종 7) 진사시에 합격하고 30세인 1682년(숙종 8) 음보로 벼슬길에 나아가 내직으로는 사옹원 봉사와 정, 의금부 도사, 공조좌랑 등을, 외직으로는 함흥판관, 단양군수, 부평부사, 상주목사 등을 지냈다. 이로 미루어보면 아주 현달한 인물은 아니었음을 알 수 있다.

그는 나이 들어 산림에 묻혀 살아갈 생각으로 『산림경제』 4권 4책을 지었는데, 농서로서 농림축산업뿐만 아니라 농촌생활에 필요한 주택, 건강, 의료, 취미, 흉년 대비책 등까지 아우르는 종합적인 농가경제서였다. 내용도 복거(주거), 섭생(양생), 치농(농사), 치포(채소), 종수(과일), 양화(화초), 양잠(누에치기), 목양(가축), 치선(음식), 구급(응급의료), 구황(흉년), 벽온(전염병), 벽충(해충), 치약(의약), 선택(날짜), 잡방(취미) 등 16항목에 걸쳐 있다.

그중 양생 관련 내용은 두 번째 항목인 '섭생' 편에 들어 있는데, 위에서도 언급한 것처럼 총론, 마음, 성, 음식, 신체, 도인술 등 각종 양생술을 유형별로 나누어 종합적이고 체계적으로 수록하고 있다. 또 홍만선의 『산림경제』는 이후 유중림의 『증보산림경제』, 서유구의 『보양지』 등이 출현하는 데도 결정적인 영향을 끼쳤다. 그러므로 이 책이야말로 한국 양생의 전통을 확립시킨 작품이라 할 수 있다. 그 구체적인 양생법들은 뒤에서 유형별로 나누어 자세히 살펴보고자 한다.

유중림, 『증보산림경제』: 『산림경제』의 증보판

유중림(1705~1771)은 숙종 때 두창의 명의였던 유상의 아들로, 대를 이어 내의원 의원을 지냈다. 61세인 1766년 홍만선의 『산림경제』를 증보하여 『증보산림경제』를 편찬했는데, 『산림경제』의 16개 항목이 이 책에서는 23개로 늘어났고, 각 항목의 내용도 많이 추가되었다. 이 책의 항목은 복거, 치농, 종수, 양화, 양잠, 목양, 치포, 섭생, 치선 상·하, 구황, 가정 상·하, 구사 상·하, 증보사시찬요, 사가점후, 선택, 잡방, 동국산수록, 남사고시승보신지, 동국승구록 등으로 이루어져 있다. 양생 관련 내용은 권7 '섭생' 편에 실려 있는데, 유중림이 이 편을 별도로 둔 의도는 서두에 간략히 나와 있다.

인생 만사가 어느 것이 내 몸보다 중요한 것이 있겠는가? 수명의 장단은 본래 하늘이 정한 횟수가 있다. 그러나 한갓 하늘만 믿고 방자하게 삶을 손상시키는 일을 한다면, 또한 어찌 천명대로 끝까지 살 수 있겠는가? 다행히 삶을 얻는 자라 해도 중년이 되지 않아서 먼저 귀가 먹고 눈이 어두워지거나 지체가 마비되고 부러지게 된다면, 이 어찌 여유 있게 노닐며 평안하고 즐겁게 좋은 복을 누리는 것이라 하겠는가? 이에 병을 물리치고 수명을 늘리는 방법을 기록하려 한다.

아무리 장수하는 운명을 타고났다 하더라도 함부로 몸을 손상시키면 천명대로 살 수 없기 마련이다. 그러므로 별도로 '섭생' 편을 마련하여 병을 물리치고 수명을 늘리는 방법을 일러주고자 한다는 것이다. 이 '섭생' 편의 내용도 원전인 『산림경제』와 마찬가지로 총론, 마음, 성, 음식, 신체, 도인술 등 각종 양생법이 모두 포함된 종합적인 양생서다. 다만 세부 내용에서는 일부 추가된 것이 있다.

서유구, 『보양지』: 한국 양생사의 걸작

서유구(1764~1845)는 달성(대구) 서 씨로, 자는 준평, 호는 풍석이다. 달성 서 씨는 서울에 살면서 중앙의 핵심 관직에 진출한 조선 후기 대표적인 경화세족이다. 할아버지 서명응은 홍문관과 예문관의 대제학을 지낸 그야말로 대학자였고, 아버지 서호수도 이조판서와 규장각 직제학을 지냈다.

서유구는 23세인 1786년(정조 10) 생원시에 합격하고, 27세인 1790년(정조 15) 대과에 합격하여 규장각 초계문신에 선발되었다. 이후 규장각 대교, 순창군수, 사헌부 장령, 의주부윤 등을 지냈다. 하지만 정조 승하 후 43세인 1806년(순조 6) 작은아버지 서형수가 김달순 옥사에 연루되어 유배형에 처해지자, 서유구도 관직을 그만두고 지금의 경기도 연천인 금화로 이주하여 18년 동안 『임원경제지』 113권 52책을 저술했다.

　『임원경제지』는 홍만선의 『산림경제』, 유중림의 『증보산림경제』 등을 본받아 편찬한 시골의 살림살이 대백과사전이다. 16부작으로 되어 있어 『임원십육지』라고도 한다. 내용은 『본리지』(곡식농사) 13권, 『관휴지』(채소) 4권, 『예원지』(화훼) 5권, 『만학지』(과일, 나무) 5권, 『전공지』(의류) 5권, 『위선지』(기후) 4권, 『전어지』(목축·사냥·고기잡이) 4권, 『정조지』(음식) 7권, 『섬용지』(건축·도구·일용품) 4권, 『보양지』(양생) 8권, 『인제지』(의학) 28권, 『향례지』(의례) 5권, 『이운지』(문화예술) 8권, 『상택지』(풍수) 2권, 『예규지』(생활경제) 5권 등 시골생활에 필요한 거의 모든 것이 담겨있다.

　서유구는 양생과 의학에도 관심이 많아서 위에서처럼 『보양지』 8권, 『인제지』 28권의 규모로 각각 다루고 있다. 두 가지를 합치면 그 분량이 『임원경제지』 전체의 거의 절반에 이른다. 『보양지』는 "내 몸에 깃든 좋은 기운을 잘 간직하여 기른다"는 뜻으로, 당시 중국과 조선의 양생서를 종합하여 편찬한 최고의 양생서다. 실제로 『보양지』는 총론, 마음, 성, 음식, 신체, 도인술, 양로술 등 당시의 모든 양생법을 포괄하고 있고, 분량도 앞의 『산림경제』나 『증보산림경제』보다 대폭 늘어났다. 현재 이 책은 임원경제연구소의 전종욱·정명현이 번역하여 『보양지』 1~3권으로 출간했는데, 그 책에 의지하여 구체적인 양생법들을 자세히 살펴보도록 하겠다. 다만 독자의 이해를 돕기 위해 원문과 대조하면서 번역본의 일부를 수정하기도 했음을 미리 밝혀둔다.

조선의 양생법

2부

조선
사람들의
건강관리법

현대 사람들의 건강관리법은 매우 파편적일 뿐만 아니라, 주로 신체적 건강에만 치중되어 있다. 대표적인 예로 TV나 인터넷의 건강 프로그램을 보면 단편적인 의학 상식이나 건강 보조식품, 음식, 운동 등 주로 몸 건강에 관한 정보들뿐이다.

반면에 조선 사람들의 양생법은 매우 다양하고 종합적이며, 심신(心身), 곧 몸과 마음의 조화가 잘 이루어져 있다. 예컨대 앞의 양생서들을 토대로 조선의 양생법을 유형화해보면 다음과 같다.

조선의 양생법

총론: 양생의 개요
마음: 마음 수양법
성(性): 성생활 지침서
음식: 음식 양생법
신체: 신체 보전법
도인술: 기 배양법
복식: 약이 되는 음식들
양로술: 노년 양생법

특히 조선 시대 양생법에서는 음식이나 운동 같은 생리적 측면보다 마음이나 성 같은 정서적 측면을 더욱 중시했으며, 도교의 영향을 받아 도인술이 발달했고, 노년 양생법인 양로술을 별도로 다루고 있다. 그러므로 이제부터는 조선 시대 양생서에 실려 있는 각종 양생법을 위와 같은 유형에 따라 분류하여 원문의 번역본과 함께 그야말로 생생하게 살펴보도록 하자.

대체로 조선 시대 양생서들은 위와 같은 일곱 가지 유형에 따라 중국과 조선의 여러 가지 양생법을 차례대로 나열하고 있는데, 이 책에서도 그러한 조선 시대 양생서의 형식을 최대한 충실히 따르고자 한다.

먼저 장마다 서두에서 해당 유형의 양생법에 대한 개요를 간략히 소개한 후, 여기저기 흩어져 있는 양생법들을 수집·정리하여 매우 체계적이면서 풍부하게 보여주고자 한다. 물론 이 책의 목적은 현대인의 건강 증진에 있으므로 가급적이면 현대적으로 의미 있는 양생법을 중심으로 보여줄 예정이다.

그런데 조선 시대 양생서에 실려 있는 양생법들은 굳이 설명을 하지 않아도 될 만큼 간단명료하게 제시되어 있으므로 모든 양생법마다 해설을 덧붙일 필요가 없을 듯하다. 이에 따라 현대 독자들이 이해하기 쉽도록 해당 양생법의 핵심을 요약·정리하여 제목을 달아주고, 대표적으로 '도인술' 편처럼 현대인이 이해하기 어려운 부분에 대해서만 약간의 해설을 덧붙이고자 한다. 다시 말해 각각의 양생법에 붙어 있는 제목이 바로 저자의 해설이라 할 수 있겠다.

끝으로 조선 시대 양생서들은 원문을 인용한 후 그 출처를 밝히는 경우가 많은데, 이 책에서도 원문의 출처들을 모두 밝혀주고자 한다. 조선 시대 양생서들은 대체로 중국의 양생서에서 인용한 경우가 많으므로 첫 번째 출처는 중국의 양생서를, 두 번째 출처는 조선의 양생서를 지칭한다.

1
총론:
양생의 개요

　　조선 시대 양생서들은 대체로 서두에 '총론' 편을 두어 양생의 요점
이나 비결, 유의점 등을 먼저 개괄적으로 보여주고 있다. 이를 통해 조선
시대 양생법의 핵심적인 사항들을 먼저 간략히 파악할 수 있다. 특히 양
생에서 가장 중요한 것은 절제와 금욕을 통한 기운의 보존이라는 것을 다
시금 확인할 수 있다. 이 장에서는 조선 시대 양생서의 '총론' 편에서 가
장 비중 있는 내용들을 선별하여 양생의 요점, 비결, 유의점 세 가지 항목
으로 묶어서 원문의 번역본과 함께 생생하게 살펴보기로 하자.

양생의 요점

양생의 다섯 가지 어려움

혜강이 말했다.

"양생에는 5가지 어려움이 있다. 명예와 돈을 멀리하지 못하는 것이 첫째 어려움이며, 감정을 없애지 못하는 것이 둘째 어려움이며, 음악과 여색을 멀리하지 못하는 것이 셋째 어려움이며, 맛있는 음식을 절제하지 못하는 것이 넷째 어려움이며, 정신이 허약하고 정액이 흩어지는 것이 다섯째 어려움이다. 이 5가지를 마음속에서 없앨 수 있다면, 믿음이 날로 더해가고 도와 덕이 날로 온전해지며, 선을 빌지 않아도 복이 있게 되고 장수를 바라지 않아도 저절로 오래 살게 되니, 이것이 바로 양생의 요점이다." 『동의보감』

양생의 여덟 가지 요점

① 몸은 항상 부지런히 놀리고,

② 음식은 항상 적게 먹는다. 부지런하되 과로하지 말고, 적게 먹되 너무 배고프게 하지는 말아야 한다.

③ 기름지고 진한 음식은 피하고,

④ 짜고 신 음식은 절제한다.

⑤ 생각과 걱정을 줄이고,

⑥ 기쁨과 노여움의 감정을 덜어낸다.

조선의 양생법

⑦ 격렬한 놀이를 피하고,

⑧ 성생활에 신중을 기한다. 『양생연명록』, 『보양지』

소동파의 양생 요결

① 밥은 부드럽게 찌고 고기는 푹 익혀라.

② 국은 따뜻하게 먹고 요나 방석은 두껍게 깔아라.

③ 술은 적게 마시고 경계하며 자라.

④ 걸음은 천천히 걷고 양 주먹은 쥐어라.

⑤ 마음은 비우고 배는 채워라.

⑥ 귀로 들은 건 막고 눈으로 본 건 잊어라.

이것들을 오래 행하면 금단(金丹)에 열이 나리라. 소동파 찬. 『보양지』

양생의 비결

양생으로 기를 길러라

태을진인의 칠금문(七禁文)에서 말하였다.

"첫째 말을 적게 하여 몸 안의 기를 기르고, 둘째 색욕을 삼가 정기를 기르고, 셋째 기름진 음식을 적게 먹어 혈기를 기르고, 넷째 침을 삼켜서 오장의 기운을 기르고, 다섯째 성을 내지 않아 간

기를 기르고, 여섯째 음식을 맛있게 먹어 위기를 기르고, 일곱째 생각을 적게 하여 심기를 기른다. 사람은 기로 말미암아 살고, 기는 신(神)으로 말미암아 왕성해지는 것이므로 기를 길러 신을 온전하게 하면 참다운 양생의 도를 얻을 수 있다. 이 세상 모든 것 중에 지킬만한 것으로 원기보다 더 중요한 것은 없다." 『동의보감』

세 가지 양생 비결

옛날 길을 가던 어떤 사람이 밭두둑에서 세 노인을 보았는데, 나이는 모두 100세가 넘었는데도 곡식밭에서 김을 매고 있었다. 앞으로 가서 절을 하고 어떻게 해서 이렇게 장수할 수 있었느냐고 두세 번을 물으니, 가장 나이 많은 노인이 앞에 와서 말하기를,

"우리 집사람이 아주 못생겼소."

하고, 두 번째 노인이 앞에 와서 말하기를,

"밤에 잘 때 머리를 덮지 않는다."

하고, 세 번째 노인이 앞에 와서 말하기를,

"위의 양을 헤아려서 먹는 것을 조절한다."

하였다. 이 세 노인의 말은 깊은 의미가 있는 것으로, 이 때문에 장수할 수 있게 된 것이다. 위응거의 시. 『산림경제』

병을 물리치는 10가지 방법

병을 물리치는 10가지 방법은 다음과 같다.

조선의 양생법

김홍도, 「신선도」, 국립중앙박물관

① 고요히 앉아서 자연의 원리인 허공을 관찰하며 사대(四大: 地, 水, 火, 風)가 본래 임시로 합쳐진 것임을 깨닫는다.

② 번뇌가 앞에 나타나면 죽음과 비교해본다.

③ 늘 나보다 못한 사람을 생각하며 스스로 너그러운 마음을 갖도록 노력한다.

④ 조물주가 본래 우리의 생활을 수고롭게 하였는데, 병을 만나 조금 한가롭게 되었으니 도리어 다행스럽게 생각한다.

⑤ 전생의 업보를 현세에서 만났더라도 이를 회피하지 말고 기꺼이 받아들인다.

⑥ 집안이 화목하려면 서로 꾸짖는 말을 하지 말아야 한다.

⑦ 모든 사람은 각각 병의 뿌리를 보유하고 있는 것이니, 늘 스스로 관찰하여 이를 극복해야 한다.

⑧ 바람과 이슬을 맞는 것을 조심하고, 기욕(嗜慾: 좋아하고 즐기려는 욕심)은 담백하게 가져야 한다.

⑨ 음식은 많이 먹지 말고 절제할 것이며, 일상생활은 알맞도록 하고 무리하지 말아야 한다.

⑩ 고명하고 친한 벗을 찾아가 마음을 터놓고 세상을 초월한 말을 강론한다.

이러한 방법은 병을 물리칠 뿐만 아니라 양생하는 데 있어서도 가장 훌륭한 비결이 된다. 『산림경제』, 『증보산림경제』

양생의 유의점

오래 계속하면 몸을 상하게 된다

눈은 정신의 창이고, 코는 기운의 문이며, 미려(꽁무니뼈)는 정액의 길이다. 사람이 오래 보면 정신이 흩어지고, 숨을 많이 쉬면 기운이 허해지고, 기욕을 많이 부리면 정력이 고갈된다. 모름지기 눈을 감고서 정신을 기르고 숨을 조절하여 기운을 기르며, 신장을 굳게 가두어 정력을 기르도록 힘써야 한다. 정력이 충만하면 기운이 넉넉해지고 기운이 넉넉해지면 정신이 완전해지는데, 이것을 도가에서는 '삼보(三寶)'라고 이른다. 『도서전집』, 『산림경제』

양생은 손상시키지 않는 것이 근본이다

양생을 하는 자는 손상시키지 않는 것을 근본으로 삼아야 한다. 재능이 미치지 못하는 것을 골똘히 생각하는 것이 손상시키는 것이고, 힘으로 감당할 수 없는 것을 억지로 드는 것이 손상시키는 것이며, 너무 슬퍼하여 파리하게 되는 것이 손상시키는 것이고, 기뻐하고 즐거워함이 정도에 넘치는 것이 손상시키는 것이다. 그리고 하고 싶은 일에 너무 급급해하는 것이 손상시키는 것이고, 근심되는 것에 대하여 너무 괴로워하는 것이 손상시키는 것이며, 너무 오래도록 이야기하고 웃는 것이 손상시키는 것이고, 침식을 제때에 안 하는 것이 손상시키는 것이다. 또 억지로 활을 당기는 것이 손상시키는 것이고, 숨이 차서 헐떡일 정도로 뛰는 것이 손상시키는 것이며, 배불리 먹고 즉시 눕는 것이 손상시키는 것이고, 술에 너무 취하여 구토하는 것이 손상시키는 것이다. 『수양총서』, 『산림경제』

경계하고 삼가지 않으면 날로 손실이 된다

구화징심노인*이 한 도인을 만났는데, 나이가 90여 세였으나 검은 머리에 얼굴은 동자 같았고, 성은 궁 씨였다. 10년 후에 그 노인을 다시 만났는데, 얼굴이 조금도 늙지 않았다. 그래서 그 장수하는 방법을 물었더니, 그 노인이 다음과 같이 말하였다.

"사람의 수명은 하늘의 원기로 60세, 땅의 원기로 60세, 사람의 원기로 60세이니, 이를 합하면 모두 1백 80세이다. 그러나 경계하고 삼갈 줄 모르면 날로 손실이 된다. 정기가 굳지 못하면 하늘의 원기로 받은 수명이 감퇴하고, 정도에 지나치게 마음을 쓰면 땅의 원기로 받은 수명이 감퇴되며, 음식을 조절하지 못하면 사람의 원기로 받은 수명이 감퇴된다. 그에 대한 학설이 황제나 기백**의 글과 명의들의 글 가운데 모두 실려 있으니, 그대는 돌아가서 나의 말에 따라 찾아보라. 다른 방법은 없다. 『수양총서』, 『산림경제』

---

*   원나라 이붕비의 호. 『삼원연수참찬서』의 저자.

**   황제 헌원씨와 그의 신하로, 이들을 동양 의학의 원조라 한다.

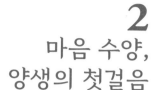

2
마음 수양,
양생의 첫걸음

우리는 건강이라고 하면 주로 신체적 건강만 생각하고 정신적 건강에 대해서는 등한시하는 경향이 있다. 다들 건강을 위해 음식이나 운동에만 신경 쓸 뿐 자신의 마음가짐이나 인생의 목표의식, 사회적 관계에 대해서는 소홀히 하는 편이다.

그런데 재미있는 조사 결과가 있다. 미국의 과학 저널리스트 마르타 자라스카가 쓴 『건강하게 나이 든다는 것』(김영선 옮김, 어크로스, 2020)에 의하면, 하루에 6인분 이상의 채소와 과일을 섭취하면 사망 위험도를 26%까지 낮출 수 있고, 운동하면 사망 위험도를 23~33%까지 낮출 수 있다고 한다. 하지만 행복한 결혼생활은 사망 위험도를 49%까지 낮출 수 있고, 가족과 친구 및 이웃 등과 폭넓은 사회 관계망을 형성하면 사망 위험도를 49%까지 낮출 수 있다는 것이다. 그러니까 우리의 수명을 늘리기 위해 진정으로 애써야 하는 건 음식이나 운동 등 신체적 건강이 아니라 좋은 사회적 관계나 마음가짐 등 정신적 건강이라는 것이다. 실제로 스트레스는 심근경색이나 뇌졸중, 종양(암)과 면역질환, 우울증 말고도 다른 많은 질병의 위험도를 높이고, 더 나아가 수명까지 단축시킨다. 사회적 관계가 부족한 사람도 심장마비나 뇌졸중, 당뇨병 등에 더 많이 걸리는 편이다. 왜냐하면 인간은 철저한 사회적 동물이기 때문이다. 그래서인지 요즘 미국이나 독일, 프랑스 등 선진국에서는 마음을 다스리기 위한 요가나 기공, 명상 등 심신의학이 유행하고 있다. 그것들은 스트레스를 줄이거나 통증을 완화해주고 몸에 활력을 높여주기 때문이다.

동양에서는 고대로부터 마음 양생을 매우 중시했다. 예컨대 공자는 "인자한 자가 장수한다"고 했고, 노자는 마음을 절제하고 양생하면 천년까지 살 수 있다고 했다. 고대의 의학이나 양생에서도 마음, 즉 정신과 심리적 요소를 매우 중시했다. 정신을 양생하면 질병을 예방하고 장수할 수 있다고 했다. 가장 오래된 중국의 의서인 『황제내경』에서는 "마음을 청정하게 하고 허욕을 없애면 참다운 기가 안에서 생겨나서 정신이 안에서 지킬 것이니 병이 어디서 생기겠는가?"라고 했고, 고대의 명의이자 양생가였던 화타나 손사막도 마음 양생을 매우 중시했다.

조선 사람들도 모든 양생법 중에서 마음 양생을 가장 중요시했다. 앞에서 언급한 것처럼 16세기 성리학자들은 양생을 통해 심성 수양, 즉 마음 수양을 하고자 했고, 『동의보감』이나 조선 후기 각종 양생서에서도 그러한 성리학적 양생관에 영향을 받아 마음 수양을 양생의 첫걸음으로 보았다. 그러므로 이 장에서는 조선 시대 각종 양생서에서 마음 수양법에 관한 내용들을 선별하여 몇 가지 하위 유형으로 나누어 원문의 번역본과 함께 생생하게 살펴보도록 하자.

왜 마음 수양인가?

모든 병은 마음에서 생겨난다

구선*이 말하기를,

"옛날 신성한 의원은 사람의 마음을 치료할 수 있었다."
하였다. 모든 질병은 마음에서 비롯된다. 그래서 이제 사람들이
쉽게 알 수 있는 것으로 논하겠다.

사람이 마음으로 불을 오래 생각하면 몸이 더워지고, 사람이
마음으로 얼음을 오래 생각하면 몸이 차가워진다. 겁이 나면 머
리털이 치솟고 놀라면 땀이 나며, 두려우면 근육이 떨리고 부끄
러우면 얼굴이 붉어지며, 슬프면 눈물이 나고 당황하면 가슴이
뛴다. 기가 질리면 마비가 오고 신 것을 말하면 침을 흘리며, 냄새
나는 것을 말하면 침을 뱉고 즐거움을 말하면 웃으며, 슬픔을 말
하면 눈물을 흘리는데, 이 모든 것이 마음으로 인해 생기는 것이
다. 태백진인**은 "그 질병을 다스리고자 하는 자는 먼저 그 마음
을 다스려야 한다"고 했으니, 병자로 하여금 마음속의 일체의 생
각을 모두 버리게 한다면 자연히 마음이 태연하고 성질이 화평해
져서, 약이 입에 이르기 전에 이미 잊을 것이다. 《수양총서》, 《산림경제》

---

* 명나라 태자 주권의 호. 『활인심』의 저자.
** 명나라 사람 손일원의 호. 태백산에 은거하였다.

마음을 수양하면 병이 생기지 않는다

심장은 정신의 집으로서 속은 비었고 지름이 한 치에 불과하나 정신이 들어있다. 사물의 복잡함은 마치 헝클어진 실을 정리하는 것과 같고 거센 물을 건너는 것과도 같다. 그래서 일에 따라 두렵기도 하고 징계되기도 하며, 기뻐하고 성내기도 하고 생각하고 염려되기도 하므로 하루 한 시간의 사이라도 한 치 정도밖에 안 되는 곳이 불처럼 뜨겁다. 그러므로 "마음이 고요하면 정신을 통할 수 있고 원기를 굳힐 수 있어서 만병이 생기지 않지만, 만약 한 가닥 생각의 싹이 일어나면 정신은 외부로 달려가고 기운은 안에서 흩어지는데, 피는 기운을 따라 운행하므로 혈기가 혼란해져서 온갖 병이 서로 침입하게 된다"고 하는 것이다. 대개 마음을 수양하면 질병이 생기지 않는다. 『수양총서』, 『산림경제』

마음을 치료해야 병이 낫는다

구선이 말하였다.

"옛날의 신성한 의사는 사람의 마음을 다스릴 수 있어서 미리 병에 이르지 않게 하였는데, 지금의 의사는 오로지 사람의 질병만 치료할 줄 알지 사람의 마음을 다스릴 줄은 모른다. 이는 근본을 버리고 말단만을 쫓고, 그 근원을 찾으려 하지 않고 그 곁가지만 치료하려 하는 것이니, 이 또한 어리석지 아니한가? 비록 어쩌다 병이 나아도 이것은 곧 세속의 용렬한 의사나 하는 짓이니 본받을 만하지 못하다." 『동의보감』

마음의 병은 망상에서 생기는 것이다

광자원이라는 자가 한림으로 있다가 외직으로 나간 지 10여 년이 되어 늘 실망을 안고 무료하게 지내다가 드디어 마음의 병을 얻었는데, 병이 발작할 때마다 문득 꿈속에서 헤매기도 하고 헛소리를 하기도 했다. 어떤 노인이 말하기를,

"그대의 병은 번뇌에서 비롯된 것인데, 번뇌는 곧 망상에서 생깁니다. 대체로 망상이 생기는 것은 세 가지 이유가 있습니다. 수십 년 전의 영예와 치욕, 은혜와 원수, 슬픔과 기쁨, 헤어짐과 만남, 여러 가지 막힌 정을 추억하여 생기는 경우가 있는데, 이는 과거에 대한 망상입니다. 눈앞에 닥친 일은 순리로 응해야 합니다. 그런데 처음과 끝이 위축되어 이럴까 저럴까 망설이며 결정을 짓지 못하여 생기는 경우가 있는데, 이는 현재의 망상입니다. 또 후일의 부귀와 영화를 모두 소원대로 이루어지기를 희망하거나 자손들이 출세하여 학문을 계승하기를 희망하고, 또는 꼭 이루어질 수 없고 될 수도 없는 일을 기대하며 생기는 경우가 있는데, 이는 미래에 대한 망상입니다. 이 세 가지 망상은 홀연히 생겨났다가 홀연히 없어지므로 불교에서는 이를 '환심(幻心)'이라고 하며, 그 망상을 환히 볼 수 있게 되어 아예 마음을 끊어버릴 수 있게 되면 불교에서는 이를 '각심(覺心)'이라고 합니다. 그래서 '잡념을 근심할 것이 아니라 오직 깨달음이 더딤을 걱정해야 한다'고 하는 것입니다. 이 마음이 만약 허공과 같다면 번뇌가 어디에 발붙일 수 있겠습니까?"

하였다. (중략)

광자원이 그의 말대로 하여 한 칸 방에 홀로 거처하면서 온갖 인연을 씻어버리고 한 달 남짓 동안 조용히 앉아 수양했더니 마음의 병이 씻은 듯이 나았다. 『사우재총설』, 『산림경제』

의혹이 마음의 병을 만든다

어떤 사람이 술을 마시다가 벽에 걸린 조각한 활의 그림자가 술잔 속에 드리워진 것을 보고 뱀인가 의심하여 돌아와서는 병이 났다. 뒤에 다시 그곳에 가서 술을 마시다가 비로소 활이라는 것을 알고 병이 드디어 나았다.

또 어떤 중이 어두운 방에 들어가다가 가지를 밟아 터뜨리고는 생명이 있는 물건을 밟은 것으로 의심하였다. 그 생각을 풀지 못한 채 잠이 들었는데, 한밤중에 어떤 자가 문을 두드리며 목숨을 찾아가겠다고 하였다. 그 중은 밝은 날에 명복을 빌어주겠다고 약속했는데, 밝은 날 아침에 보니 바로 가지였다. 의혹이 마음의 병을 만드는 것이 대개 이와 같다. 『증보산림경제』

마음 수양법

중화탕(中和湯)

　의사가 힘을 다해 치료해도 고쳐지지 않는 병이 있다. 아래의 것들은 그럴 때 쓰면 좋은 약이다. 이것을 복용하면 원기를 확실하게 보존하여 질병을 일으키는 사특한 기운이 침범해 들어오지 못하게 하므로 만 가지 병이 생기지 않고 오랫동안 평안할 수 있으며 긴 세월을 근심 없이 지낼 수 있다.

① 생각에 사특함이 없다.
② 좋은 일을 행한다.
③ 자기 마음을 속이지 않는다.
④ 일을 적절한 방법으로 처리한다.
⑤ 자기 본분을 지킨다.
⑥ 남을 질투하지 않는다.
⑦ 교활한 속임수를 쓰지 않는다.
⑧ 매사에 성실하고자 힘쓴다.
⑨ 자연의 순리를 따른다.
⑩ 자기 운명의 한계를 안다.
⑪ 늘 마음을 맑게 한다.
⑫ 욕심을 적게 갖는다.
⑬ 어려움을 참고 견딘다.

이경윤, 「관폭도」, 국립중앙박물관

⑭ 성질을 부드럽고 순하게 한다.

⑮ 겸손하고 서로 화합한다.

⑯ 분수를 지켜 만족할 줄 안다.

⑰ 검소한 마음을 갖는다.

⑱ 어진 마음을 갖는다.

⑲ 절약하고 검소하게 산다.

⑳ 마음의 중심을 지킨다.

㉑ 살생을 경계한다.

㉒ 성내지 않는다.

㉓ 사납게 하지 않는다.

㉔ 탐내지 않는다.

㉕ 삼가고 두텁게 한다.

㉖ 낌새를 알아차린다.

㉗ 보호하고 사랑한다.

㉘ 벼슬을 내어놓고 물러난다.

㉙ 고요함을 지킨다.

㉚ 남모르는 덕을 쌓는다.

위의 30가지 약재를 잘 씹어서 가루로 만들고 마음속의 화 1근과 신장의 물 2주발을 사용하여 약한 불로 절반 정도에 이를 때까지 달여놓고 끊임없이 살피면서 시간이나 계절에 관계없이 언제든지 따뜻하게 하여 마신다. 『활인심방』

욕심을 버려라

사람의 정신은 맑은 것을 좋아하는데 마음이 이를 동요시키고, 마음은 고요함을 좋아하는데 욕심이 이를 유인하고 있다. 언제나 욕심을 버릴 수만 있다면 마음은 저절로 고요해지고, 마음을 맑게 갖는다면 정신은 저절로 맑아진다. 『도서전집』, 『한정록』

감당하기 어려운 일은 하지 않는다

노공 문언박*이 벼슬을 그만두고 낙양으로 돌아와 황제를 뵈었는데, 그 당시 나이가 80세였다. 신종이 그의 건강함을 보고 물었다.

"경은 섭생(양생)하는 도가 있는가?"

노공이 대답했다.

"별것이 아닙니다. 신은 다만 뜻에 맡겨 유유자적하며, 외물로 화기(和氣)를 상하게 하지 아니하며, 감당하기 어려운 일은 감히 하지 아니하고, 적당히 만족하고 좋을 때 그만두곤 했습니다."

황제가 명언이라고 했다. 『저기실』, 『한정록』

물욕에 현혹되지 말라

사람의 정신은 본래 맑은 것을 좋아하지만 마음이 이를 흔들어 놓고, 사람의 마음은 본래 고요한 것을 좋아하지만 물욕이 이를

---

*   북송 때의 재상.

끌어당긴다. 그러므로 항상 물욕을 몰아내면 마음이 저절로 고요해지고, 항상 마음을 맑게 하면 정신이 저절로 맑아질 것이다. 『도서전집』, 『산림경제』

무심하라

세상의 일에 무심(無心)하면 마음속에 아무런 일이 없다. 그러므로 마음이 고요하면 지혜가 생겨나고, 마음이 동요하면 어리석음이 생겨난다. 『현관비론』, 『보양지』

감정 조절법

성내지 말라

명도선생*이 이렇게 말하였다.

"대체로 사람의 감정 중에 쉽게 터지고 진정시키기 어려운 것이 성내는 것인데, 성이 났을 때 그 노여움을 재빨리 잊고 사리의 옳고 그름을 살필 수만 있다면 외부의 유혹도 미워할 것이 못 됨을 발견할 수 있게 되고, 도(道)에 있어서도 반 이상은 올라선 사

---

* 　북송의 유학자 정호.

람일 것이다. "『하남사설』, 『한정록』

아침에는 성내지 말아야 한다. 『수양총서』, 『산림경제』

음식을 앞에 놓고 사납게 꾸짖으면 정신을 놀라게 한다. 『수양총서』, 『산림경제』

지나치게 생각하지 말라

생각하는 것이 많으면 정신이 흩어지고, 염려가 많으면 마음이 피로해지며, 기쁜 일이 많으면 마음이 손상되고, 즐거운 일이 많으면 정신이 방탕해지며, 근심이 많으면 마음이 떨린다. 그리고 좋아함이 많으면 의지와 기개가 넘치고, 미워함이 많으면 영혼이 갑자기 뛰어오르며, 기지가 많으면 생각이 침체되어 혼미해지는 데, 이것은 곧 사람의 생명을 해치는 것으로서 칼이나 도끼보다 더 심한 것이다. 『수양총서』, 『산림경제』

사랑과 미움

사랑하거나 미워함은 성품을 손상시키고 정신을 해롭게 한다. 또 좋아하거나 미워함은 사람의 마음을 괴롭게 하여 지기(志氣)가 날로 소모된다. 『수양총서』, 『산림경제』

조선의 양생법

감정과 행동을 줄이라

양생을 잘하는 사람은 항상 생각, 걱정, 욕심, 일, 말, 웃음, 근심, 즐거움, 기쁨, 노여움, 좋아함, 미워함을 줄인다. 이 12가지 행동을 줄이는 것이 양생의 요령이다.

① 생각이 많으면 정신이 위태롭고,
② 걱정이 많으면 뜻이 흩어지고,
③ 욕심이 많으면 뜻이 어지럽고,
④ 일이 많으면 몸이 피로하다.
⑤ 말이 많으면 기가 부족해지고,
⑥ 웃음이 많으면 오장이 상하고,
⑦ 근심이 많으면 마음이 두렵고,
⑧ 즐거움이 많으면 뜻이 잘 넘친다.
⑨ 기쁨이 많으면 어지럽고 정신이 어수선해지며,
⑩ 노여움이 많으면 모든 맥박이 불안하고,
⑪ 좋아함이 많으면 갈피를 못 잡고 정리가 되지 않으며,
⑫ 미워함이 많으면 몸이 초췌해지고 즐거움이 없게 된다.

대개 이 12가지의 많은 것을 제거하지 않으면 기운이 바른길을 잃고 혈기가 제멋대로 흘러 생명의 근본을 잃게 된다. 『포박자』, 『보양지』

3
조선의
성생활 지침서

　　오늘날 사람들은 조선 중기 성리학의 도덕주의와 금욕주의, 근대 이후 기독교의 죄악시적 성의식의 영향으로 성에 대해 한없이 부도덕하고 부정적으로 여기면서 공개적으로 거론하길 꺼리고 있다. 현대사회에서의 성은 그야말로 숨김이나 금기의 대상이 되어버린 것이다.

　　하지만 원래 성은 음식, 수면과 함께 인간의 3대 본능으로서 매우 자연스러운 것일 뿐만 아니라 인류의 대를 이어가는 아주 숭고한 것이었다. 조선의 양생법에서도 성은 건강을 유지하고 장수하게 하는 근원으로 여겼다. 그래서인지 『동의보감』을 비롯한 『한정록』, 『산림경제』, 『보양지』 등 각종 양생서에서는 성을 매우 중요하게 여기면서 별도의 장을 마련하여 아주 비중 있게 다루고 있다. 거의 모든 양생서마다 마음 양생법 다음으로 성 양생법을 다루고 있으며, 그 내용도 정액론, 금욕론, 조기 성경험 문제, 무리한 성교의 폐해, 방사의 절도, 성행위의 금기사항, 성적 대상을 고르는 법, 성욕 긍정론, 남성의 정력 강화법 등 매우 다양하고 실제적인 것들을 알려주고 있다. 어쩌면 성 양생법은 '조선의 성생활 지침서', 즉 성교육 교재라고 해도 과언이 아닐 듯하다. 다만 조선 시대 양생서에서는 성을 본능이나 쾌락, 도덕적 관점이 아닌 철저히 건강과 장수의 관점에서 접근하고 있다는 점을 기억할 필요가 있다. 또한 정욕을 억제하여 건강을 지키라는 성리학적 금욕주의에 기반해 있다. 그러므로 아래에서는 조선 시대 양생서에 나타난 성 양생법을 몇 가지 세부 유형으로 분류하여 원문의 번역본과 함께 생생하게 살펴보도록 하자.

정액론

정은 몸의 근본이다

『황제내경』 영추 편에서 이르기를, "남녀가 만나 교합하여 사람의 형체를 이루는데, 항상 몸이 생기기 전에 먼저 생기는 것이 정(精: 정액)이다. 정은 몸의 근본이다"라고 하였다. 『동의보감』

정은 한정되어 있다

정(정액)이란 가장 좋은 것을 말한다. 사람의 정은 가장 귀한 것이지만, 그 양이 매우 적어서 온몸의 정을 다 합해야 모두 1되

6홉이 된다. 이것은 남자가 16세까지 정을 배출하지 않았을 때의 분량으로, 겨우 한 근의 무게가 됨을 말한다. 정을 쌓아 가득히 채우면 3되가 되고, 정을 손상하거나 잃으면 1되가 채 안 된다. 정과 기는 서로를 길러주는데, 기가 모이면 정이 가득하게 되고 정이 가득하면 기가 왕성하게 된다. 매일 먹는 음식의 정미(精微)한 것이 정이 되기 때문에 곡식을 뜻하는 '미(米)'와 생명의 푸른빛, 왕성함을 뜻하는 '청(靑)' 자를 합쳐서 글자를 만들었다. 사람이 16세가 되면 정을 배설하게 되는데, 한 번 성교할 때마다 반 홉 분량의 정이 줄어든다. 잃어버리기만 하고 더해주지 않으면 정이 고갈되어 병이 생기게 된다. 그러므로 욕정을 절제하지 못하면 정이 소모되고, 정이 소모되면 기가 쇠약해지고, 기가 쇠약해지면 병이 생기고, 병이 생기면 몸이 위태로워진다. 그러므로 어찌 정이라는 것을 인체의 가장 귀한 보배라고 하지 않을 수 있겠는가. 『양생연명록』, 『동의보감』

사람의 수명은 정기에 달려 있다

사람의 수명은 정기(精氣: 생명의 원천이 되는 원기)에 달려 있는데, 이는 마치 등불의 기름이나 물고기에 있어서 물과 같다. 기름이 마르면 등불이 꺼지고 물이 마르면 고기가 죽는다. 사람이 기욕(嗜慾: 좋아하고 즐기려는 욕심)에 빠짐은 마치 작은 티끌이 물에 빠지고 한 조각의 눈이 끓는 물에 떨어지는 것과 같다. 『자경편』, 『산림경제』

조선의 양생법

圖府藏形身

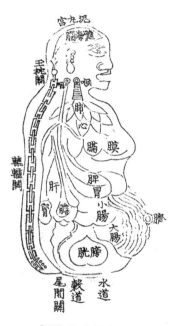

『동의보감』, 「신형장부도」

정욕이 많으면 정기가 손상된다

정욕이 많으면 정기가 손상된다. 사람이 보존해야 할 것이 목숨이요, 아껴야 할 것이 몸이요, 소중히 여겨야 할 것이 정기이다. 간의 정기가 굳세지 않으면 눈이 침침하고 광채가 없다. 폐의 정기가 조화롭지 않으면 살이 마른다. 신장의 정기가 견고하지 못하면 정신과 기운이 감소한다. 비장(지라. 밥통)의 정기가 견고하지 못하면 이가 솟고 머리카락이 빠진다. 만약 정기가 깎이고 흩어지는 일이 멎지 않으면 질병이 잇따라 생기다 마침내 죽음에 이른다. 『삼원연수참찬서』, 『보양지』

금욕론

성욕을 멀리하라

주진형의 『색욕잠』에서 이렇게 말하였다.

"인생이란 하늘과 땅의 기운과 함께하는 것이니, 땅의 도(道)는 여자가 되고, 하늘의 도는 남자가 되며, 그 둘이 짝을 이루어 부부가 되고 아이를 낳아 기르면서 서로 의지한다. 혈기가 왕성한 그때에 결혼은 예절을 갖추어 하고, 성생활은 때에 맞추어 한다. 부모와 자식이 가까운 것은 그 요점이 바로 여기에 있는 것이다. 이

조선의 양생법

것을 돌이켜보건대 둔한 사람은 성욕이 내키는 대로 성생활을 하고도 도리어 모자랄까 하여 독한 약을 먹는다. 기는 양이고, 혈은 음이다. 몸이란 음이 고르고 양이 잘 지켜져야 내 몸이 오랫동안 젊음을 누린다. 혈기가 얼마나 된다고 스스로 아끼지 않겠는가? 나를 살아가게 하는 것이 거꾸로 나의 적이 될 수 있다. 여자의 탐냄은 그 욕심이 참으로 많으니, 여자가 정숙하면 가정이 화목하다. 남자의 탐냄은 그 집안을 망하게 하고, 덕을 잃으면 몸도 초췌하게 된다. 그러므로 성욕을 멀리하고 적게 하면 그 풀어졌던 마음을 다잡게 되고, 먹는 것이 다 달며, 결국 몸도 편안해져 병이 낫는다." 『동의보감』

젊었을 때 방자하면 나이 들어 기력이 쇠퇴한다

나이 40세 이전에 방자한 짓이 많으면 40세 이후에 기력이 갑자기 쇠퇴하게 되는데, 만일 쇠퇴하면 여러 가지 질병이 생겨나 오래도록 낫지 않고 결국은 목숨을 구하지 못한다. 만약 나이 60세가 넘어 수십 일 동안 교합하지 않아도 마음이 평안해진다면 저절로 정액을 잘 지켜 몸을 튼튼하게 할 수 있다. 또한 갑자기 성욕이 왕성하게 일어나도 반드시 삼가고 억제해야 하며, 마음대로 욕심을 다 채워 자기 목숨을 죽게 해서는 안 될 것이다. 한번 억제할 수 있다면 한번 불을 꺼서 한번 기름을 더하는 것이 된다. 만약 참지 못하고 욕망을 좇아 정액을 배설한다면, 이는 기름불이 꺼지려 하는데 오히려 기름을 없애버리는 셈이 되니 스스로 막아야 하지 않겠는가? 『양생서』, 『동의보감』

타고난 체질이 약하면 성욕을 줄여야 한다

타고난 체질이 강한 사람은 비록 조금 정도를 지나치더라도 마치 근원이 깊은 우물처럼 퍼내는 대로 물이 채워져 줄어드는 것을 알지 못하는 것과 같다. 그러나 타고난 체질이 허약한 사람은 억지로 성교하여 정도를 지나치면 등잔에 기름이 없어서 오래지 않아 불이 꺼지는 것과 같으니, 어찌 두렵지 않겠는가? 『증보산림경제』

여색을 멀리하면 장수한다

병이란 죽음의 길로 이어져 있고, 정욕이란 병의 길로 이어져 있는 것이요, 여색을 가까이하는 일은 정욕의 길로 이어져 있는 것이다. 이 세 가지의 길을 막으면 수명을 늘릴 수 있다. 『수양총서』, 『보양지』

홀로 자는 것이 보약 천 첩보다 낫다

매우 잘 아는 사람은 부부의 침상을 따로 쓰고, 보통 잘 아는 사람은 부부의 이불을 따로 쓴다. 보약을 천 첩 먹기보다 홀로 자는 것이 낫다. 『팽조어』, 『보양지』

성욕이 솟구치면 반드시 억제하라

양생을 잘하는 자는 성욕이 막 솟구치려는 충동을 느끼면 반드시 삼가고 억제해야 하지, 마음대로 성욕을 좇아 스스로 해를 지

신윤복, 『풍속도첩』, 「서생과 아가씨」, 국립중앙박물관

어서는 안 된다. 한번 성욕을 억제하는 데 성공하면 한번 불이 꺼져서 한번 기름을 절약한 셈이 된다. 만약 억제하지 못하고 정욕에 따라 사정하면 기름불이 타오르면서 기름을 더욱 없애고 말 것이니, 스스로 방지해야 하지 않겠는가! 『비급천금요방』, 『보양지』

발기한 성기를 가라앉히는 처방

거머리(살아있는 거머리를 주발의 물속에서 기르다가 7월 7일에 꺼내어 그늘에서 말린 것) 9마리에 사향과 소합환을 넣고 세 가지를 한꺼번에 곱게 빻아서 가루를 낸다. 여기에 약간의 꿀을 넣어 떡처럼 만든다. 성기가 일어날 때 왼쪽 발바닥 가운데를 이 약으로 조금 문지르면 곧 시들며, 다음날 일어나면 다시 문지른다. 『고금의감』, 『동의보감』

조기 성경험 문제

너무 일찍 성경험을 가지면 안 된다

정기가 통하기 전에 여자를 거느리고 정을 통하게 되면 오체(눈·코·입·귀·생식기)가 충만하지 못하게 되며, 훗날 형용하기 어려운 병을 갖게 된다. 『수양총서』, 『산림경제』

이른 성경험은 건강을 해친다

남자가 너무 일찍 성경험을 하면 정기가 손상되고, 여자가 너무 일찍 성경험을 하면 혈관이 손상된다. 『수양총서』, 『산림경제』

알맞은 나이에 결혼해야 한다

몸이 마른 여자는 혈을 길러야 하므로 알맞은 나이가 되고 나서 시집가야 한다. 허약한 남자는 여색을 절제해야 하므로 몸이 건강해지고 나서 혼인해야 한다. 『저씨유서』, 『보양지』

무리한 성교의 폐해

약을 먹고 양기를 돋우면 안 된다

음경이 위축되었는데 억지로 단석(보양제)을 먹고 양기를 돕게 되면 신장의 물이 고갈되고 마음의 화가 불타는 듯하고 오장이 건조되어 소갈증(당뇨병)이 즉시 오게 된다. 또 얼굴이 검어지고 귀가 먹는다. 나아가 몸이 파리해지고 경계증(가슴이 두근거리고 잘 놀라는 병)이 생기며, 몽설(잠자는 도중 정액이 자연 유출되는 병)이 되고 소변이 탁해진다. 『수양총서』, 『산림경제』

신윤복, 『풍속도첩』, 「영감님과 아가씨」, 국립중앙박물관

조선의 양생법

억지로 방사하면 몸이 손상된다

『소문경』에 이런 말이 있다.

"억지로 방사(성교)하면 정력이 소모되고 신장이 손상되며, 골수가 마르고 허리가 아파서 구부렸다 폈다 할 수가 없다." 『수양총서』, 『산림경제』

정욕을 억지로 채우면 안 된다

『포박자』에 이런 말이 있다.

"'억지로'라는 말은 삶을 해치고 수명을 해치는 근본이다. 취했을 때 억지로 술을 마시고 배부를 때 억지로 먹는 것도 당연히 몸을 해치는데, 더구나 정욕이겠는가. 정욕을 억지로 채우면 타고난 정이 제거되고, 타고난 정신이 떠나며, 타고난 기가 흩어진다." 『수양총서』, 『산림경제』

방사의 절도

나이대별 사정 횟수

사람의 욕심 중에 색욕보다 더 간절한 것이 없다. 오직 도를 아는 선비는 아무리 아름다운 여색이 앞에 있어도 눈으로 즐기는 정도에 불과할 뿐 정욕이 내키는 대로 자행하여 생명을 해치려고 하지 않는다. 그래서 옛사람은 여기에 대해서 항상 절도가 있었다.

20세 이후에는 3일에 한 번 방사하고, 30세 이후에는 10일에 한 번 방사하고, 40세 이후에는 한 달에 한 번 방사하고, 50세 이후에는 석 달에 한 번 방사하고, 60세 이후에는 일곱 달에 한 번 방사한다. 때에 따라 알맞게 절제해서 원기를 아껴 자기 몸의 명령으로 삼아야지, 그렇지 아니하면 아무리 토납(단전호흡), 도인(체력단련), 복이(약물복용)의 방법을 열심히 하더라도 근본이 확고하지 못하게 되어 마침내 유익함이 없는 것이다. 『수양총서』, 『산림경제』

60세 이후에는 사정하지 말라

팽조*가 말하기를,

"한 달에 두 번 방사하면 이는 절도 있게 삼가는 방법이다."

라고 했고, 소녀**가 말하기를,

"60세 된 자는 마땅히 정기를 가두고 배설하지 말아야 한다."

하였는데, 이는 위태함을 유지하는 방법이다.

사상채***가 말하기를,

"사람이 자식을 둔 뒤에는 한 방울의 정액도 배설하지 말아야 한다."

---

* 　신선. 요임금 때부터 은나라 말기까지 무려 700살을 살았다고 함. 장수하는 사람의 대표적 인물.

** 　선녀. 황제 때 사람으로 방중술에 능했다고 함.

*** 송나라 정자의 제자.

조선의 양생법

하였는데, 이는 사리에 통달하고 생명을 기르는 도리이다. 그래서 말하기를,

"일천 첩의 보약을 먹음이 독신 생활을 하는 것만 못하다."

하였다. 『지비록』, 『산림경제』

성행위의 금기사항

배불리 먹고 성교를 하면 혈기가 대장으로 새어 들어가 이질(설사병)이 된다. 『수양총서』, 『산림경제』

크게 취했을 때 성교를 하면 정액이 줄어들고 음경이 위축되어 발기가 되지 않는다. 『수양총서』, 『산림경제』

분노했을 때 성교를 하면 정력이 허해지고 기가 떨어져서 종기가 생긴다. 『수양총서』, 『산림경제』

크게 기쁘거나 크게 슬플 때는 음양(남녀)이 결합해서는 안 된다. 『수양총서』, 『산림경제』

소변을 참으며 성교를 하면 임질을 얻게 되거나, 혹은 배가 뒤틀려 배꼽 아래가 몹시 아프며 죽는다. 『수양총서』, 『산림경제』

월경이 끝나기 전에 성교하면 흰 얼룩이 생기며, 몸과 마음이 야위며 누렇게 되고 자식을 갖지 못한다. 『수양총서』, 『산림경제』

촛불을 밝혀놓고 성교를 하는 것은 종신토록 금기해야 하며, 또 낮에 성교하는 것도 피해야 한다. 『수양총서』, 『산림경제』

먼 여행으로 피곤할 때 성교를 하면 몸이 허약해진다. 『황제잡금기법』, 『보양지』

막 목욕했을 때 성교를 하면 안 된다. 그럼 병이 난다. 『운급칠첨』, 『보양지』

생마늘을 많이 먹고 성교를 하면 간이 상하여 얼굴에 광택이 없어진다. 『비급천금요방』, 『보양지』

성교를 피해야 할 시기는?

성교를 금해야 할 11가지 때

성교를 함에 있어서 금기해야 하는 때가 11가지인데,
① 추위와 더위를 무릅쓰고 한다거나,

조선의 양생법

② 배부를 때,

③ 취했을 때,

④ 기쁨과 노여움이 가라앉지 않았을 때,

⑤ 질병이 회복되지 않았을 때,

⑥ 먼 길을 걸어 피로에 지쳤을 때,

⑦ 임금의 행차를 범하고 길을 갔을 때,

⑧ 대소변을 금방 보았을 때,

⑨ 목욕한 뒤에,

⑩ 여인의 생리 중일 때,

⑪ 정이 없으면서 억지로 하는 것.

이 모두 사람으로 하여금 정신이 혼몽해지고 마음의 힘이 부족해지며, 온몸이 파리해져서 온갖 병을 생기게 하는 것이니, 특히 이러한 점에 삼가야 한다. 『수양총서』, 『산림경제』

극심한 날씨에 성교하면 병을 얻는다

심한 추위, 무더위, 짙은 안개, 큰비, 천둥번개, 일식, 월식, 무지개, 지진 등이 발생할 때와 천지가 침침할 때 이를 범하고 성교하면 병을 얻게 되고, 혹 임신이 되더라도 자녀의 형상이 반드시 완전하지 못하여 비록 낳더라도 제대로 기르지 못한다. 『수양총서』, 『산림경제』

매달 성교를 금하는 날

① 1월에는 3일, 14일, 16일에 성교를 금한다.

② 2월에는 2일을 금한다.

③ 3월에는 1일, 9일을 금한다.

④ 4월에는 8일을 금한다.

⑤ 5월에는 5일, 6일, 7일, 15일, 16일, 17일, 25일, 26일, 27일을 금한다.

⑥ 10월에는 10일을 금한다. 또 말하기를 9일에 성교하면 100일 동안 갑자기 흥분하여 까무러치는 병에 걸린다고 한다.

⑦ 11월에는 25일을 금한다.

⑧ 12월에는 7일, 20일을 금한다.

위에 적힌 날에 성교를 하면 수명이 손상된다. 『증보산림경제』

성교를 피해야 할 장소

해 · 달 · 별의 아래서와, 신전 · 절 · 도관의 가운데나, 부엌 · 측간 옆에서나, 무덤 · 시체 곁에서 성교를 하면 안 되니, 사람의 정신을 손상시키고 자식을 낳아도 어질지 못하다. 『증보산림경제』

성적 상대를 고르는 법

성교를 꺼려야 할 아홉 가지 부류

성교를 금기해야 할 사람으로 9가지 부류가 있다. 첫째 나이가 많은 사람, 둘째 고질병이 있는 사람, 셋째 입술이 얇고 코가 높은 사람, 넷째 이가 엉성하고 머리털이 노란 사람, 다섯째 음모가 억센 사람, 여섯째 목소리가 큰 사람, 일곱째 살결이 거칠고 기름기가 없는 사람, 여덟째 성품이 온화하지 못한 사람, 아홉째 성질이 사납고 투기가 있는 사람 등이니, 이들을 범한다면 사람을 크게 손상시킨다. 『증보산림경제』

남자에게 좋은 여인상

여인은 굳이 예쁠 필요는 없다. 다만 나이 적고 아직 젖을 먹이지 않았으며, 살이 오동통하면 유익하다. 만약 머리털이 가늘고 눈동자의 흑백이 분명하며, 몸놀림이 부드럽고 뼈대가 연약하고 크지 않으며, 살갗이 매끄럽고 말소리가 온화하면 또한 유익하다. 『수양총서』, 『산림경제』

남자에게 좋지 않은 여인상

여인의 머리가 헝클어지고 얼굴이 더러우며, 목이 짧고 목젖이

있으며, 이가 드러나고 입이 크며, 눈동자가 흐리고 턱에 수염이
있으며, 골격이 크게 생긴 사람은 수명을 손상시키는 자이니, 남
자에게 마땅치 않다. 『수양총서』, 『산림경제』

성욕 긍정론

성인은 음양 화합의 도를 끊지 않았다

황제는 말하였다.

"음과 양이 조화를 이룬 상태를 '도(道)'라 하고, 음에 치우치
거나 양에 치우친 상태를 '병(病)'이라 한다."

또 말했다.

"그 둘이 조화를 이루지 못하는 상태는 마치 봄만 있고 가을이
없거나 겨울만 있고 여름이 없는 것과 같다. 이런 상태를 조화롭
게 만들면 이를 '성인의 법도'라 한다."

성인은 음양 화합의 도를 끊지 않았다. 다만 굳게 닫아걸고 타
고난 본성을 지키는 일을 귀히 여길 뿐이다. 『삼원연수참찬서』, 『보양지』

남녀가 함께 있어야 천수를 누린다

남자는 여자가 없어서는 안 되고, 여자는 남자가 없어서는 안

된다. 만약 바르고 곧은 생활을 늘 염두에 두되 서로 그리워할 일이 없다면 오래도록 수명을 누릴 수 있다. 『팽조어』, 『보양지』

정욕이 솟구칠 때 풀지 못하면 병이 난다

정욕이 솟구칠 때 이를 풀지 못하면 음과 양이 서로 다투어 추웠다 더웠다 하는데, 오래되면 결핵이 생긴다. 옛날 당정이라는 사람이 음경에 부스럼이 나서 문드러지게 되었는데, 주수진이 그것을 보고 이렇게 말했다.

"성교를 하려다가 뜻을 이루지 못한 데서 얻은 병이다." 『수양총서』, 『산림경제』

기력이 왕성하면 60살이 넘어서도 사정하라

사람의 나이가 60살이 되면 폐정(閉精)하고 사정하지 않는 법이다. 그러나 만약 기력이 왕성한 사람이라면 억지로 참아서도 안 된다. 오래도록 사정하지 않을 경우 옹질(악창이나 부스럼)이 생길 수 있기 때문이다. 『비급천금요방』, 『보양지』

방중술

남녀가 교합할 때 코로 공기를 많이 들이마시고 입으로 공기를 조금씩 토해내면 사람에게 매우 이롭다. 만약 사정하려 할 때는 마땅히 입을 다물고 눈을 크게 뜨고 양손을 악고(握固: 양생의 자세 중 하나. 네 손가락으로 엄지손가락을 움켜쥠)하고 코를 좁히며 기를 취하고 하체를 움츠리고 배로 숨을 들이마신다. 그런 다음 척추를 약간 펴고 공기를 오랫동안 토해낸다. 또 치아를 일천 번 부딪히면 정액이 위로 올라가 뇌를 도와서 사람의 수명을 연장시킨다. 만약 정액을 함부로 내보내면 정신을 손상시킨다. 『증보산림경제』

성교하기에 길한 날

어느 달이거나 2일, 3일, 5일, 9일, 20일은 기운이 넘치는 날이니 성교하면 무병하게 된다. 또 매달 상순의 실수(室宿), 삼수(參宿), 정수(井宿), 귀수(鬼宿), 유수(柳宿), 장수(張宿), 방수(房宿), 심수(心宿)[이상은 별자리의 28수를 가리킴]가 드는 날 밤중에 교합하면 아들을 낳는데 현명하고 장수하고 부귀하며, 또 자신에게도 이롭다. 『사시찬요』, 『산림경제』

남성의 정력 강화법

정액을 왕성하게 하는 비결

정을 수련하는 비결은 모름지기 한밤중인 자시(11~1시)에 옷을 걸치고 일어나 앉아서 양 손바닥을 비벼 뜨거워지면 한 손으로는 성기를 움켜쥐고, 한 손으로는 배꼽 부위를 감싸 덮고 정신을 신장에 집중하는데, 이를 오랫동안 연습하면 정액이 왕성해진다.
『진전』, 『동의보감』

외신을 따뜻하게 하라

유궤*는 낙양 사람인데, 나이 70세가 넘었으나 정신이 쇠락하지 않고 신체가 병이 없이 건강하며 술을 굉장히 많이 마셨다. 나는 평소부터 그가 양생을 잘한다는 말을 듣고 물어보니, 그가 말하기를,

"내게 성생활을 잘하게 하는 비결이 있는데 그대에게 알려주려 한다."

하였다. 나는,

"지금 하찮은 관직에 매어 있고 집에서는 오직 어린 여자뿐인데 어디에 그것을 쓰겠소."

하였다. 그러나 유궤를 살펴보니 매번 술을 마실 때마다 꼭 한 번씩 입을 씻는데, 비록 취하여도 그것을 잊지 않았다. 그래서 이빨에 병이 없었고, 저녁때는 무엇이든 조금만 먹었다. 유궤의 아들과 사위 중에 진영이라는 이가 있었는데, 그 술법을 꽤 알았다. 그가 말하기를,

"외신(불알)을 따뜻하게 하는 것뿐이다."

하였다. 그 방법은 두 손으로 외신을 움켜쥐고 따뜻하게 하며, 묵묵히 앉아 호흡하기를 1천 번에 이르면 두 고환이 진흙처럼 녹아

---

*   송나라 사람. 이인을 만나 양생술을 배웠다고 함.

액체가 되어 허리 사이로 들어가는데 이 술이 매우 기묘하였다.

『저기실』, 『한정록』

회회국 사람들의 건강관리법

회회교(이슬람교) 문도들이 건강을 잘 돌보는 것은 다른 방법이 없고 오직 외신(불알)을 따뜻하게 하여 찬기가 닿지 않게 할 뿐이다. 그들은 남쪽 사람들이 여름철에 베 바지를 입는 것을 보고 매우 잘못되었다고 하며, 찬 기운이 외신을 상하게 할까 두렵다고 하였다. 밤에 누울 때는 마땅히 손으로 외신을 움켜쥐고 따뜻하게 해야 한다고 하며,

"이것이 바로 사람의 생명의 근본이니, 보호하지 않으면 안 된다."

하니, 그 말이 매우 이치가 있다. 『사우재총설』, 『한정록』

서번 사람들의 장수 비결

서번(티베트) 사람들 중에는 오래 사는 이가 많다. 이들은 매일 밤 누워서 항상 손으로 외신을 덮어 따뜻하게 한다. 이것 또한 장수의 한 가지 방법이다. 『휘언』, 『보양지』

4
음식이
약이다

　음식은 생명의 자양분이다. 사람은 음식을 먹어 각종 영양을 공급받아 생명을 유지한다. 또 사람은 음식을 통해 건강을 유지하고 질병을 예방한다. "음식이 건강의 열쇠"라는 말처럼 음식만큼 건강에 핵심적인 역할을 하는 것도 없다.

　그래서인지 일찍부터 동양에서는 음식 양생의 중요성을 인식하고 지속적으로 발달시켜왔다. 대표적으로 공자는 『논어』에서 "음식은 부드러워야 하고, 요리하는 방법이 합당해야 하며, 상한 음식은 먹지 말아야 한다"라고 했다.

　또 손사막은 현존하는 가장 오래된 음식 양생서인 『천금요방』을 지었는데, 몸에 보양 역할을 하는 과일류 30종, 채소류 63종, 곡식류 24종, 동물류 45종을 기록했다.

　송나라 양생가인 진직도 『양생봉친서』를 지어 음식 양생의 역할과

조영석, 『사제첩』, 조동제 소장

구체적인 방법을 서술했다. 진직은 "음식은 인체의 건강과 음양을 조화시키는 중요한 역할을 한다"고 했다. 특히 그는 우유 섭취를 적극 주장했는데, 우유는 맛이 온화하여 혈맥을 보양하고 심기(心氣)를 도울 뿐 아니라 근육을 발달시키고 피부를 윤택하게 하여 늙어서도 쇠약해지지 않게 해주기 때문이라고 했다.

과거에는 동·서양을 막론하고 약식동원(藥食同源), 즉 '음식이 약'이라고 생각했다. 서양의학의 아버지 히포크라테스는 "너희가 먹는 것이 바로 너희의 약이 되어야 한다" 또는 "음식으로 못 고치면 약으로도 못 고친다"라고 했다. 심지어 과거 중국에서는 음식으로 병을 고치는 식의(食醫) 제도를 두기까지 했다. 지금도 음식을 이용한 병 치료법은 큰 역할을 하고 있는데, 특히 노인은 비장과 위장이 약하기 때문에 그러한 식이요법은 매우 중요하다.

우리나라도 고려와 조선 초기에는 식의 제도가 있었는데, 세조 때 이후로는 내의원 의원들이 식의 역할을 담당했다. 또 조선 전기 어의 전순의는 우리나라 최초의 식이요법서인 『식료찬요』를 편찬하기도 했다. 전순의는 『식료찬요』에서 음식의 중요성을 강조하여 먼저 음식으로 치료하고, 그다음에 약으로 치료해야 한다고 했다.

조선 시대 양생서에서도 음식을 매우 비중 있게 다루고 있다. 음식의 중요성을 비롯해서 올바른 음식물 섭취법과 식습관, 차와 술, 물을 마시는 법 등 다양한 음식 양생법이 기록되어 있다. 특히 조선 시대 음식 양생법은 16세기 성리학적 음식관에 많은 영향을 받고 있다. 원래 공자는 먹는 것에 배부름을 구하지 않았고, 신선하고 담백한 음식을 즐겼다. 이에 따라 16세기 성리학자들도 절제와 검소를 추구했고, 기름진 음식이 아닌 담백한 음식을 즐겼다. 대표적인 예로 퇴계 이황은 끼니마다 세 가지 반찬을 넘지 않았고, 가지와 미역, 무 같은 담백한 음식을 먹어 위와 장을 편하게 했다. 그럼 이제부터 조선 시대 양생서에 나타난 음식 양생법들을 원문의 번역본과 함께 생생하게 살펴보도록 하자.

음식의 중요성

음식은 혈기를 길러준다

음식은 사람의 혈기를 길러주는 것이다. 혈은 신체를 풍요롭게 만들고, 기는 팔다리를 튼튼하게 보위한다. 혈과 기 중에서 정수인 것들이 골수가 되거나 정액이 되고, 그다음 것들이 살집이 되거나 근육이 된다. 『보생요록』, 『보양지』

음식의 해가 성색보다 심하다

진기*는 이렇게 말하였다.

"백 가지 병에 걸려서 비명에 죽는 것은 대개 음식으로 말미암은 것인데, 음식의 해가 오히려 성색(聲色: 음악과 여색)보다 심하다.

---

* 후한 시대의 사람.

성색은 1년 이상 끊을 수 있으나 음식은 하루도 끊을 수 없는 것이니, 유익함도 많지만 해로움도 매우 많다." 『지비록』, 『한정록』

몸을 편히 하는 근본은 음식에 있다

편작은

"몸을 편안히 하는 근본은 반드시 음식에 의존하므로 알맞은 음식을 모르는 자는 생명을 보존하기에 부족하다."

라고 했다. 『보양지』

음식은 알맞게 먹어야 병이 나지 않는다

사람들은 음식이 양생의 기본 수단임을 알고 있지만, 음식을 잘 조절하지 못하면 또한 생명을 해칠 수도 있다는 사실은 알지 못한다. 그러므로 더 먹고 덜 먹는 것을 조절하여 알맞게 유지해야 한다. 이것을 '현명하고 똑똑하다'라고 하니, 병이 나기 전에 미리 깨달아야 한다. 『섭생요의』, 『보양지』

음식을 잘 먹어 몸의 내부를 길러라

양생을 잘하는 자는 몸의 내부를 기르고, 양생을 잘못하는 자는 몸의 외부를 기른다. 몸의 내부를 기르는 자는 내장을 편안히 하고, 혈맥을 순조롭게 하며, 온몸의 기를 두루 잘 돌게 하므로 온갖 병이 생기지 않는다. 몸의 외부를 기르는 자는 입맛이 닿는 대로 먹고, 맛있는 음식을 끝까지 추구하며, 먹는 즐거움을 마지막

까지 누리려 한다. 그런 사람은 비록 몸뚱이는 풍만하고 안색이 환하고 윤택해 보이지만, 매우 독한 기운이 내장을 안에서부터 갉아먹어 오장의 기운이 허약해질 것이다. 그러니 어찌 타고난 좋은 기운을 보존하여 장수에 이를 수 있겠는가? 『섭생요의』, 『보양지』

음식의 조화와 건강

오미를 조화시켜 먹어라

오미(五味: 신맛·쓴맛·매운맛·단맛·짠맛)를 잘 조화시키면 뼈가 바르게 되고 근육이 부드러워지며, 기혈이 잘 돌고 피부가 치밀해져서 천수를 누리게 된다. 『황제내경소문』, 『보양지』

편식하면 병이 난다

오미의 음식을 먹을 때는 어느 한쪽에 치우치면 안 된다. 잘못하면 오장이 균형을 잃고 온갖 병이 벌떼처럼 일어난다. 『비급천금요방』, 『보양지』

오미의 효능과 부작용

청색은 간에 속하고, 근육에 합하며, 그 상태는 손톱에 나타난다. 간에는 신 음식이 좋은데, 신 음식을 많이 먹으면 요도나 항문을 막히게 한다.

적색은 심장에 속하고, 혈맥에 합하며, 그 상태는 안색에 나타난다. 심장에는 쓴 음식이 좋은데, 쓴 음식을 많이 먹으면 구토하게 된다.

황색은 비장(내장, 지라)에 속하고, 살[肉]에 합하며, 그 상태는 입술에 나타난다. 비장에는 단 음식이 좋은데, 단 음식을 많이 먹으면 몸을 느슨하고 그득하게 한다.

백색은 폐에 속하고, 피부에 합하며, 그 상태는 털에 나타난다. 폐에는 매운 음식이 좋은데, 매운 음식을 많이 먹으면 가슴에 통증이 생긴다.

흑색은 신장에 속하고, 뼈에 합하며, 그 상태는 머리카락에 나타난다. 신장에는 짠 음식이 좋은데, 짠 음식을 많이 먹으면 갈증이 나게 한다.

신 음식을 많이 먹으면 피부를 상하고, 살이 주름지고, 입술이 젖혀진다.

쓴 음식을 많이 먹으면 폐를 상하고, 피부가 마르고, 털이 빠진다.

단 음식을 많이 먹으면 신장을 상하고, 뼈가 아프고, 치아가 빠진다.

매운 음식을 많이 먹으면 간을 상하고, 근육이 당기며, 손톱이 마른다.

짠 음식을 많이 먹으면 심장을 상하고, 혈이 응고되고, 색이 변한다. 『수양총서』, 『보양지』

오미를 먹을 때 치우치게 많아서는 안 된다. 치우치게 많으면 오장육부에 따라 각각 손상되는 바가 있다.

신 것은 치우치게 많이 먹으면 비장을 손상시킨다. 그래서 봄 72일에는 신 것을 줄이고 단 것을 늘려서 비장의 기운을 기른다.

쓴 것을 치우치게 많이 먹으면 폐를 손상시킨다. 그래서 여름 72일에는 쓴 것은 줄이고 매운 것을 늘려서 폐의 기운을 기른다.

매운 것을 치우치게 많이 먹으면 간을 손상시킨다. 그래서 가을 72일에는 짠 것을 줄이고 신 것을 늘려서 간의 기운을 기른다.

짠 것을 치우치게 많이 먹으면 심장을 손상시킨다. 그래서 겨울 72일에는 짠 것을 줄이고 쓴 것을 늘려서 심장의 기운을 기른다.

단 것을 치우치게 많이 먹으면 신장을 손상시킨다. 그래서 사계절의 각 18일은 단 것을 줄이고 쓴 것을 늘려서 신장의 기운을 길러준다. 『수양총서』, 『산림경제』

음식의 금기사항

제철이 아닌 과일, 저절로 죽은 새나 짐승, 생 초(酢)를 쳐서 불에 구운 고기, 그리고 지방질이 많은 것과 소화되기 어려운 가루죽, 냉한 음식은 담, 부스럼, 속병이 생기니, 모두 먹지 않는 것이 좋다. 『수양총서』, 『산림경제』

어느 음식이고 익지 않은 것은 먹지 말아야 한다. 『수양총서』, 『산림경제』

부패되어서 기를 막히게 하는 음식은 먹지 말아야 한다. 『수양총서』, 『산림경제』

구멍이 나 있는 물건은 함부로 입에 넣어서는 안 된다. 이는 지네가 들어 있을까 염려되어서이다. 『수양총서』, 『산림경제』

땀이 음식에 들어간 것을 먹으면 나쁜 종기가 생기고 속으로 등창이 생긴다. 『수양총서』, 『산림경제』

머리카락이 음식물에 들어간 것을 먹으면 기생충이 생긴다. 어떤 사람이 허리가 아프면서 심장까지 당기는 증세가 있었는데, 이 증세가 발작하면 기절하곤 했다. 서문백이 말하기를,
  "이는 머리카락 기생충이다."
하였다. 기름을 먹였더니 2척이나 되는 물건을 토해냈는데, 벌써 뱀과 같은 머리가 생겨 있었다. 이를 기둥에 매달아놓고 물로 씻어내니 머리털 하나만 남아 있었다. 『수양총서』, 『산림경제』

울고 나서 곧바로 음식을 먹어서는 안 된다. 『수양총서』, 『산림경제』

사람이 음식을 먹을 때는 모름지기 번뇌를 버려야 한다. 『수양총서』, 『산림경제』

크게 화가 났을 때는 억지로 음식을 먹지 말라. 『증보산림경제』

몸에 좋은 맛은?

음식은 담백해야 한다

음식은 담백(느끼하지 않고 산뜻함)해야 가장 좋다. 『섭생요의』, 『보양지』

음식의 요점은 맛을 담백하게 하는 데 있으므로 기름지고 맛이 진한 것을 버리고, 불에 굽거나 말리는 것을 끊고, 살생을 경계하고, 훈채(파·마늘처럼 특이한 냄새가 나는 채소)를 멀리한 후에 먹고 마시는 것을 조절하면 오장육부의 속이 맑아지고 원기가 통해져서 조화를 이룬다. 『증보산림경제』

단것을 자주 먹으면 소갈증에 걸린다

단것을 자주 먹으면 사람으로 하여금 속이 더워지고 가슴을 그득하게 만든다. 그래서 그 기운이 위로 넘쳐서 입맛이 달아지며, 이것이 변하여 소갈병(당뇨병)이 된다. 『수양총서』, 『산림경제』

음식의 온도

찬 성질의 음식은 먹지 않는 게 좋다

음식물로서 성질이 지극히 찬 채소나 오이 종류는 비록 여름철
의 더운 기운을 다스리는 면이 있기는 하지만, 또한 사람의 눈과
귀를 어둡게 한다. 당나귀나 말이 그것을 먹으면 그날로 눈이 문
드러진다. 이러한 음식물은 대체로 사계절 언제나 먹지 않는 것
이 좋고, 꼭 여름에만 한정할 것이 아니다. 노인은 특히 꺼리는 것
이 마땅하다. 『활인심방』

너무 뜨겁거나 찬 것을 먹지 말라

뜨거운 것을 먹으면 뼈가 손상되고, 찬 것을 먹으면 폐가 손상
된다. 뜨거운 것은 입술이 뜨거울 정도가 아니어야 하고, 찬 것은
이가 시릴 정도가 아니어야 한다. 『수양총서』, 『산림경제』

뜨겁고 찬 것을 섞어 먹으면 이가 상한다

뜨거운 것을 먹은 다음에 다시 찬 것을 먹지 말아야 하며, 찬

것을 먹은 다음에는 다시 뜨거운 것을 먹어서는 안 된다. 찬 것과 뜨거운 것이 서로 뒤섞이면 반드시 이를 상하게 된다. 『수양총서』, 『산림경제』

음식은 항상 따뜻해야 한다

모든 음식은 사계절을 막론하고 항상 따뜻해야 한다. 여름에는 음의 기운이 안에 잠복하고 있으므로 더욱 따뜻한 음식이 알맞다. 왕개*가 일찍이 길가에서 음식을 먹고 있었는데, 어떤 노인이 지나가다 보고서 말하기를,

"음식은 될 수 있으면 따뜻해야 한다."

하였다. 이는 대개 비장은 따뜻한 것을 좋아하여 차거나 뜨거운 것으로 범해서는 안 되기 때문이다. 오직 따뜻하기만 하면 차거나 뜨거운 음식물도 비장에 이르러 모두 따뜻해진다. 『수양총서』, 『산림경제』

---

*   송나라의 신하.

음식 조절

소동파의 소식법

동파거사(북송의 시인 소식)가 황주에 있을 때 이렇게 썼다.

"지금부터는 아침저녁으로 음식 한 종지에 고기 한 점을 넘지 않을 것이고, 높은 손님이 있을 때는 그렇게 세 번까지 대접할 수 있으나 절대 그 이상은 하지 않을 것이다. 나를 초대할 자에게도 미리 이렇게 알린다. 이는 첫째 분수에 맞게 복을 기르는 일이요, 둘째 위를 편안케 하여 기운을 기르는 일이요, 셋째 소비를 절약하여 재산을 불리는 일이다." 『공여일록』, 『산림경제』

음식은 부족한 마음이 들게 먹어라

대개 음식을 먹을 때는 단지 그 반만 먹고, 항상 나머지를 남기며 부족하다는 마음이 들게 해야 하니, 이것도 양생의 중요한 방법이다. 『증보산림경제』

폭식하지 말라

음식은 조금씩 자주 먹어야지 한꺼번에 많이 먹어서는 안 된다. 항상 배부른 가운데 주리고, 주린 가운데 배부른 것이 좋다. 『수양총서』, 『산림경제』

성협, 『성협풍속화첩』, 국립중앙박물관

조선의 양생법

음식을 먹을 때는 조금씩 자주 먹어야지 갑자기 많이 먹어서는
안 된다. 『증보산림경제』

너무 굶주린 후에 음식을 먹어서는 안 된다

너무 배고픈 다음에 밥을 먹어서는 안 되며, 먹더라도 너무 배
부르게 먹지 말아야 한다. 너무 목마른 다음에 물을 마셔서는 안
되며, 마시더라도 너무 많이 마시지 말아야 한다. 너무 배고프거
나 목마를 때 먹거나 마시면 혈기가 정상을 잃어서 갑자기 구제
하지 못하게 된다. 흉년에 굶주려 지친 사람이 배불리 먹게 되면
즉시 죽는데, 이것이 바로 그에 대한 본보기다. 『수양총서』, 『산림경제』

충분히 씹어 먹어라

배고프다가 음식을 먹을 때는 충분히 씹어서 먹어야 하고, 목
마르다가 물을 마실 때는 조금씩 마셔야 한다. 음식은 조밀하고
물은 따뜻한 것이 좋다. 『수양총서』, 『산림경제』

꼭꼭 씹어 먹어야 오래 산다

우리 고장에 나이 90여 세가 되었는데도 기운이 소년들 못잖
은 노인이 있기에, 그에게 음식 먹는 법을 물었더니 그가 대답하
기를,

"음식을 먹을 때 충분히 씹은 다음 침과 함께 가만히 넘겨야만
영양분이 비장으로 들어가서 화색이 충만하게 되지, 거칠게 먹으

면 그것이 모두 찌꺼기가 되어 창자를 메울 뿐이다."

하였다. 또 한 노인이 나를 위해 말하기를,

"일생 동안 음식을 대할 때 그 절반만 먹고 언제나 '여유를 두고 다 없애지 말아야겠다' 하는 마음을 두어야 한다. 대개 사람이 오래 살고 일찍 죽는 것은 따로 있는 것이 아니다. 하늘의 복이 다 되면 죽는 것이며, 닥치는 대로 마구 먹는 사람치고 머리가 희도록 사는 이를 보지 못하였다."

하였다. 내 생각에도 그 노인의 말대로만 한다면 창자 속이 항상 편안할 것 같으니, 이것 역시 양생하는 좋은 방법이라 하겠다. 『서호유람지』, 『한정록』

음식 소화법

음식을 소화시키는 동작

음식을 먹고 배가 너무 부르면 아무리 피곤하여도 바로 잠자리에 들지 말고 운동을 해야 한다. 약 1백 보쯤 천천히 거닌 다음에 띠를 풀고 옷을 헤치고 허리를 펴고 단정히 앉아서 두 손으로 가슴과 배를 문지르며 이리 문지르고 저리 문지르기를 약 20번 하고, 다시 가슴과 옆구리 사이를 문지르며 아래로 훑어 내리기를 10여 번 하여 가슴과 배에 기운이 통하여 막히지 않게 하면 지나

조선의 양생법

치게 배부르던 음식이 손길을 따라 소화된다. 『수양총서』, 『산림경제』

양생을 하는 방법은 밥 먹은 다음에 즉시 눕거나 종일 가만히 앉아 있어서는 안 된다. 이는 모두 기혈을 막히게 하므로 오래되면 수명을 손상시킨다. 음식을 먹은 다음에는 항상 손으로 배를 수백 번 문지르고, 고개를 뒤로 젖히고서 기운을 수백 번 내뿜으며, 느릿느릿 수백 보를 거닐어야 한다. 이를 음식 소화시키는 동작이라 한다. 『수양총서』, 『산림경제』

배부를 때 격한 운동을 하지 말라

배부를 때는 빨리 걷거나, 말을 달리거나, 높은 곳에 오르거나, 험한 데를 올라가지 말아야 한다. 그렇게 되면 기운이 꽉 차고 격동되어서 오장육부에 손상을 입게 된다. 『수양총서』, 『산림경제』

밤에는 음식을 먹지 말라

밤에는 음식을 먹지 말아야 한다. 비장(지라)은 음성을 좋아하여 소리를 들으면 움직이며 음식을 소화시키지만, 해가 진 다음에는 온갖 음향이 모두 끊기므로 비장이 운동을 하지 않기 때문에 먹은 음식을 쉽게 소화시키지 못한다. 소화시키지 못하면 위가 손상되고, 위가 손상되면 뒤집히게 되며, 뒤집히게 되면 곡기를 받아들이지 못한다. 『수양총서』, 『산림경제』

차 마시기

차는 식후에 조금만 마셔라

　대개 차라는 음료는 사계절 어느 때나 많이 마셔서는 안 된다. 차는 사람의 하초(배꼽에서 아랫배 부위)를 허약하게 하고 차갑게 한다. 오직 음식을 배불리 먹은 뒤에 한두 잔 마시는 것은 괜찮은데, 그것은 소화를 시키는 데 도움이 되기 때문이다. 배고플 때는 더욱 차 마시는 일을 삼가는 것이 마땅하다. 『활인심방』

차는 마시지 말라

　차를 마실 적엔 뜨겁게 하여 조금만 마셔야 좋고, 마시지 않으면 더욱 좋다. 차를 오래 먹으면 사람의 기름이 빠져서 마르게 되며, 하초는 허해지고 냉하게 된다. 다만 배불리 먹은 뒤에 한두 잔은 괜찮다. 목이 마르는 소갈증이 있거나 배가 고픈데 차를 마시면 더욱 안 된다. 그럼 잠을 잘 수 없게 된다. 『본초』, 『보양지』

술 조심

술은 마시지 않는 게 좋다

술은 비록 사람의 정서를 즐겁게 하고 혈관을 잘 통하게 할지라도 자신도 모르는 사이에 풍사(風邪: 질병의 원인이 되는 바람)를 불러오고 신장을 해치며 창자를 헐게 하고 횡격막을 썩게 만드는 것으로 이보다 더 지나친 것이 없다. 특히 배불리 먹은 뒤에는 술을 마시지 않는 것이 마땅하다. 술을 거칠게 마시거나 급하게 마셔서는 안 되니, 폐가 상하고 망칠까 염려되기 때문이다. 폐는 오장의 덮개에 해당하므로 특히 상하게 해서는 안 된다.

술이 아직 깨기 전에는 목이 크게 마르는데, 그동안에는 물이나 차를 마시는 것이 좋지 않다. 흔히 물과 차가 술에 의해 신장으로 끌려 들어가 머물면 독기를 지닌 수분이 되어 허리나 다리를 무겁고 못쓰게 하며 방광을 차갑고 아프게 할 뿐만 아니라 부종(몸이 붓는 증세), 소갈(목마름), 근육 경련, 다리의 절뚝거림 등의 질병을 앓게 한다. 『활인심방』

술은 조금만 마셔라

술은 적게 마시면 사람에게 유익하고, 과다하게 마시면 사람을 손상시킨다. 그러니 기분이 상쾌할 정도로 마시는 것이 좋다. 술을 조금 마시면 막힌 기운을 트이게 하고, 약 기운을 이끌어 살결을 윤택하게 하고, 안색을 환하게 하며, 혈기를 소통시키고 사악한 기운을 물리친다. 하지만 과다하게 마셔 취하게 되면 간은 붓고 담(쓸개)은 기능이 순조롭지 못하여 모든 맥의 충격이 그로 인해 생기므로 신장의 기능이 마비되고 힘줄이 약화되며, 뼈가 손상되고 위의 기능이 저하되는데, 오래되면 다른 음식은 먹을 수 없고 오직 술만 마시게 된다. 그렇게 되면 죽을 날이 임박한 것이다. 『수양총서』, 『산림경제』

많이 마셨으면 토하라

술을 너무 많이 마셨다고 느껴지면 토하는 것이 좋다. 『수양총서』, 『산림경제』

술 마시고 찬 것을 마시지 말라

술을 마신 뒤에 냉수나 냉차를 마셔서는 안 된다. 이를 마시면 술을 끌고 신장으로 들어가 냉독(冷毒)이 된다. 『수양총서』, 『산림경제』

물 마시기

물은 마시지 말라

한 노인이 나이 73세였였는데도 모습과 기력이 40~50세 된 사람과 같았다. 그렇게 된 원인을 물었더니, 애당초 특별한 방법이 있는 것이 아니라면서 이렇게 말하였다.

"평생에 물을 마시지 않고 입술만 적실 정도로 마시는 습관을 들였을 뿐이다." 『수양총서』, 『산림경제』

물은 급하게 마시면 안 된다

물을 마실 때 급하게 삼키지 말아야 한다. 급하게 삼키면 오랜 뒤에 기병(氣病: 기분이 울적하거나 근심, 걱정이 많아 생기는 병)이 생긴다. 『수양총서』, 『산림경제』

여름철 얼음은 조금만 먹어야 한다

여름철의 얼음은 약간 시원할 정도로 먹어야지, 만약 음식에다 부수어 넣어 먹으면 오랜 뒤에 꼭 병이 생긴다. 『수양총서』, 『산림경제』

5
신체를
보전하는 법

건강은 한순간에 이루어지는 것이 아니다. "티끌 모아 태산"이라는 말처럼 평소 꾸준하고 절도 있는 생활습관이 몸에 배어있지 않으면 건강을 유지하고 장수를 도모하기란 어렵다. 그래서 조선 시대 양생서에서도 총론, 마음, 성, 음식 양생법 다음으로 '신체 보전법'이라는 항목을 따로 두어 우리 몸을 더욱 안전하고 건강하게 지킬 수 있는 갖가지 방법을 제시하고 있다. 예컨대 주거환경과 노동, 의복 등을 비롯해서 목욕과 머리 감기, 양치질, 손톱·발톱 관리, 대·소변 보기, 말하기와 이목구비 보건법, 운동과 휴식 및 외출(여행) 등 갖가지 신체 보전법을 그야말로 세밀하게 알려주고 있다. 이것들은 마치 옛사람들의 잔소리처럼 들릴지 모르지만, 사실은 옛사람들의 몸 관리법에 대한 교훈들을 한 자리에 모아놓은 매우 소중한 자료들이다. 그러므로 이 장에서는 조선 시대 양생서에 나타난 갖가지 신체 보전법을 세부 유형별로 나누어 원문의 번역본과 함께 생생하게 살펴보도록 하자.

살기 좋은 집

거처를 편안히 하라

도를 배우는 사람은 거처를 편안히 하는 것이 중요하다. 거처를 편안히 한다는 것은 무슨 말인가? 이는 화려한 집, 깊숙한 집, 두꺼운 요, 넓은 평상을 말하는 것이 아니다. 집은 남향을 하고 있으며, 머리는 동쪽으로 향하여 자고, 음양의 기운이 적절하고, 명암이 서로 잘 어울리는 데에 달려 있다. 『천은자양생서』, 『보양지』

집은 너무 높지도 낮지도 않아야 한다

천은자*는 이렇게 말하였다.

"남향을 하고 앉고 동으로 머리를 두고 자며, 음양이 적중하고 명암이 서로 비슷해야 한다. 집은 너무 높지 말아야 하는데 너무 높으면 양이 성하여 너무 밝고, 너무 낮지 말아야 하는데 너무 낮으면 음이 성하여 너무 어둡다. 집이 너무 밝으면 백(魄)이 손상되

---

* 당나라 사마승정의 호. 『천은자양생서』의 저자.

고, 너무 어두우면 혼(魂)이 손상된다."『후생훈찬』, 『산림경제』

집에 바람이 들어오면 안 된다

앉고 눕는 곳은 반드시 밀폐되어야 한다. 만약 틈새로 바람이
들어오면 사람을 침노함이 더욱 심하여 반신불수나, 혹은 몸과
팔다리가 뒤틀리거나, 혹은 말을 더듬거리게 되는데, 이는 몸이
허약한 사람이나 노인에게는 더욱 좋지 않다. 『수양총서』, 『산림경제』

옛날에 삼대가 내리 장수하지 못하는 집안이 있었다. 팽조가 침
실을 관찰해보니, 과연 머리가 닿는 곳에 한 구멍이 있었다. 그것
을 막게 했더니, 드디어 장수를 누리게 되었다. 『수양총서』, 『산림경제』

술에 취했을 때 바람을 대하고 누우면 벙어리 증상이 생긴다.
『수양총서』, 『산림경제』

밤에 누워 자는 자리에서 귀 쪽에 바람이 들어오는 구멍을 두
지 말라. 바람을 맞으면 귀가 잘 들리지 않게 된다. 『비급천금요방』,
『보양지』

노동을 해야 건강하다

노동을 해야 무기력증에 빠지지 않는다

사람의 무기력 증세는 맺고 끊는 생활을 하지 않는 데서 생기는 법이다. 반드시 무거운 것을 들거나 가벼운 것을 잡고서 하루 종일 바쁘게 애를 써야만 생기는 것이 아니다. 그래서 놀 시간이 많은 사람에게 이 병이 흔히 생긴다. 대체로 놀 시간이 많은 사람은 운동량이 많지 않고, 기력을 쓸 기회가 많지 않으며, 배불리 먹고서 앉거나 누워 있기 때문에 경맥이 통하지 않고 혈맥이 엉기고 막히게 되어 그렇게 되는 것이다. 그래서 귀하게 사는 사람은 겉모습은 즐거우나 마음이 괴롭고, 천하게 사는 사람은 마음은 한가로우나 겉모습이 괴롭다. 귀하게 사는 사람은 마음 끌리는 대로 즐기고자 하는 욕심이 시도 때도 없이, 때로는 금기를 어기는 줄도 모르고 일어나서, 진수성찬을 먹고 마시고는 곧 누워 자기가 쉽다. 그러므로 평소에 노동을 해야만 한다. 다만 극도로 지치는 지경에까지 이르지 않도록 하면 보배와 같은 혈액이 막힘없이 흐르고 혈맥이 고르게 퍼져나가게 된다. 비유하면 마치 흐르는 물이 썩지 않고, 방문의 돌쩌귀가 녹슬지 않는 것과 같다. 『활인심방』

사람은 노동의 동물이다

본래 사람의 신체는 몸을 놀려 노동을 하려 한다. 다만 노동은

강희언, 「석공공석도」, 국립중앙박물관

조선의 양생법

지나치지 않도록 해야 한다. 사람의 몸이란 항상 움직여주면 곡기가 소화되고 혈맥을 유통시켜 병이 생기지 않는다. 비유하자면 문지도리가 썩지 않는 것과 같다. 『중장경』, 『보양지』

노동의 괴로움이 안락한 즐거움보다 낫다

사람은 즐겁기만을 원하지 않는다. 즐겁기만 한 사람은 장수하지 못한다. 다만 힘에 부치는 일을 억지로 하지 말아야 한다. 무거운 것을 들고 억센 것을 당기거나, 땅을 힘들게 파면서 피곤하여 쉴 수가 없으면, 근골이 몹시 피곤해질 뿐이다. 그러나 차라리 노동의 괴로움이 안락한 즐거움보다 낫다. 아침부터 저녁까지 항상 할 일이 있어 쉬지 않도록 해야 몸이 상쾌하다. 다만 피로가 너무 심하면 쉬어야 한다. 쉬고 난 다음 다시 일을 한다. 이것은 도인법(호흡이나 체조, 안마 등으로 기를 왕성하게 하는 것)과 다를 바 없다. 무릇 흐르는 물은 썩지 않고 문지도리가 썩지 않는 이유는 물이나 지도리가 수고로운 움직임이 잦기 때문이다. 『양생연명록』, 『보양지』

흐르는 물은 썩지 않는다

양생하는 사람은 몸뚱이로 조금씩 노동을 하되 과로에 이르러서는 안 된다. 본디 물은 흐르면 맑고, 고이면 썩는 것이다. 양생하는 사람은 항상 물이 흐르듯이 혈맥을 돌게 하려 한다. 『보생요록』, 『보양지』

감당하기 힘든 일을 억지로 하지 말라

손사막이 말하였다.

"늘 복식(도가에서 장생불사의 약을 복용하는 일)을 하여도 양생의 방법을 알지 못하면 오래 살기 어렵다. 양생의 도는 너무 힘든 일을 줄이고, 너무 피곤하게 하지 않고, 감당하기 어려운 일을 억지로 하지 말아야 한다. 흐르는 물은 썩지 않고 문지도리가 좀먹지 않는 것은 그것이 늘 운동하기 때문이다." 『동의보감』

몸을 보하는 옷 입기

때에 알맞게 옷을 입고 벗어라

의복이 두껍고 얇은 이유는 때에 알맞게 하기 위함이다. 이 때문에 더운 날이라고 해서 옷이 완전히 얇아서는 안 되고, 추울 때라고 해서 완전히 두껍게만 입어서는 안 된다. 아주 더워도 홑옷은 입어야 하고, 잠옷이라도 배와 다리 위쪽은 이불을 덮어주는 것이 사람에게 매우 좋다. 겨울에 솜옷을 너무 두껍게 입지 말고, 추우면 그때마다 옷을 한 겹씩 여러 겹을 껴입는다. 이렇게 하면 몸이 갑자기 차갑거나 더워지지 않는다. 『보생요록』, 『보양지』

조선의 양생법

봄에 옷을 얇게 입지 말라

봄에 옷을 얇게 입어서는 안 된다. 한기에 상해 토하거나 설사하고, 소화가 잘되지 않으며, 두통이 생긴다. 『삼원연수참찬서』, 『보양지』

솜옷은 갑자기 껴입거나 벗지 말라

솜옷은 갑자기 껴입어서는 안 되고, 조금 따뜻해지면 수시로 점차 벗어야 한다. 『도씨별록』, 『보양지』

건강한 수면 습관

잠자는 방향

사람이 누울 때 봄·여름에는 동쪽을 향해 눕고, 가을·겨울에는 서쪽을 향해 누우며, 북쪽을 향해 누워서는 안 된다. 『증보산림경제』

엎드려 자지 말라

엎드려 자면 흉하다(『예기』에 "잘 때 엎드리지 말라"고 했다). 『운급칠첨』, 『보양지』

엎드려 자지 않는다. 또 땅에 엎드려 자면 매우 흉하다고 하였다. 『증보산림경제』

높은 곳에 다리를 들어 올리지 말라

누워서는 높은 곳에 다리를 들어 올리지 말아야 한다. 오래되면 정신이 손상된다. 『수양총서』, 『산림경제』

입을 다물고 자라

저녁에 잘 때 항상 입을 다무는 습관을 들여야 한다. 입을 열면 기를 잃는다. 게다가 나쁜 기운이 입으로 들어가서 오래되면 목이 마르는 소갈증이 되거나 혈색을 잃게 된다. 『비급천금요방』, 『보양지』

몸을 활짝 펴고 자지 말라

사람이 몸을 활짝 펴고 자면 악몽을 꾸거나 가위에 눌린다. 『비급천금요방』, 『보양지』

잠자리에 누울 때는 몸을 옆으로 하고 무릎을 구부려서 심장의 기운을 돕는 것이 좋고, 깨어날 때는 활짝 펼치는 것이 좋다. 그러면 정신이 흐트러지지 않는다. 보통 펼친 자세로 누우면 악귀를 부르고 도깨비를 끌어들이기 쉽다. 공자가 "잠자리에서 시체가 되지 않는다"고 말한 것은 대체로 이를 두고 한 말일 것이다. 『활인심방』

사자잠

잠자리에 누울 때는 마땅히 몸을 옆으로 하고 무릎을 구부렸다가 잠에서 깬 다음에 펴야 한다. 대개 무릎을 굽히고 다리를 오그리고서 좌우 갈비 쪽으로 당겨 옆으로 눕는 것은 양생가에서 이른바 '사자잠'이라 하는 것이다. 그렇게 하면 단전(丹田: 배꼽 아래 한 치 다섯 푼 되는 곳)이 항상 따뜻해서 신수(腎水: 정액)가 쉽게 생산되지만, 몸을 죽 펴고 누우면 기운이 곧아져서 축적됨이 적고 정신이 흩어져서 안정되지 못한다. 그래서 누워서는 오직 잠이 깨었을 때만 몸을 펴는 것이 좋다. 『수양총서』, 『산림경제』

오래 자지 말라

오래 누워 있으면 기가 손상되고, 오래 앉아 있으면 혈액이 손상된다. 『수양총서』, 『산림경제』

많이 자면 눈이 먼다. 『운급칠첨』, 『보양지』

늦게 일어나면 정신이 맑지 않다. 『수양총서』, 『산림경제』

항상 깨어 있어라

깨어 있을 때는 양(陽)과 합하고 잘 때는 음(陰)과 어울리는데, 깨어 있을 때가 많으면 혼(魂)이 강해지고 잘 때가 많으면 백(魄)이 강해진다. 혼이 강해진 자는 산 사람이고 백이 강해진 자는 죽은 무리이다. 그래서 양생을 잘하는 사람은 반드시 정신이 맑고 기운을 상쾌하게 하고자 항상 깨어 있는데, 이것이 곧 장수하는 방법이다. 『도서전집』, 『산림경제』

사계절 잠자는 시간

『양생서』에서 말하였다.

"봄에는 늦게 자고 일찍 일어나며, 여름과 가을에는 한밤에 잠자리에 들고 일찍 일어나며, 겨울에는 일찍 자고 늦게 일어나는 것이 사람에게 유익하다. 그러나 일찍 일어난다고 해도 닭이 울기 전에는 일어나지 말고, 늦게 일어난다고 해도 해가 뜨기 전에는 일어나야 한다." 『동의보감』

봄과 여름에는 마땅히 일찍 일어나야 하고, 가을과 겨울에는 늦게 일어나야 하는데, 늦게 일어나더라도 해가 뜬 뒤에 일어나는 것은 피해야 하고, 일찍 일어나더라도 닭이 울기 전에 일어나는 것은 피해야 한다. 『수양총서』, 『산림경제』

낮잠은 자지 말라

낮잠을 자는 것은 좋지 않다. 낮잠은 사람의 기를 잃게 한다. 『수양총서』, 『산림경제』

오명현, 「노인의송도」, 선문대학교박물관

잠자리의 금기사항

발을 씻고 잠자리에 들면 사지(四肢)에 냉병이 없어진다. 『수양총서』, 『한정록』

촛불을 켜놓고 자면 정신이 편안하지 못하다. 『수양총서』, 『산림경제』

머리맡에 화로를 두어서는 안 된다. 오래도록 불기운을 쐬면 머리가 무겁고 눈이 붉어지며 뇌종양이 생긴다. 『수양총서』, 『산림경제』

천둥 칠 때 반듯이 눕거나, 별빛이나 달빛 아래에서 나체로 눕는 것은 좋지 않다. 『수양총서』, 『산림경제』

사람이 자면서 붓으로 얼굴에 그림을 그리며 놀아서는 안 된다. 그 사람의 혼백이 몸 밖으로 놀러 나갔다가 돌아와서 얼굴을 알아보지 못해 죽게 된 자도 있다. 『증보산림경제』

잠자리에 누워서 말하는 것은 좋지 않다. 잠자리에서 말하면 오장이 경쇠를 매단 것처럼 되는데, 이는 경쇠를 매달지 않으면 소리가 나지 않는 것과 같다. 『수양총서』, 『산림경제』

어두운 밤에는 귀신을 이야기하지 말아야 한다. 귀신을 말하면 괴이한 일이 생긴다. 『지봉유설』, 『산림경제』

밤에 누울 때 머리를 덮지 말아야 장수할 수 있다. 그것은 천지의 맑은 기운이 배 속으로 들어가기 때문이다. 『수양총서』, 『산림경제』

꿈 이야기

좋은 꿈은 말해도 되지만 나쁜 꿈은 말하지 않는다. 일설에 "꿈 꾼 것을 말하는 것은 흉하다"고 하였다. 『증보산림경제』

꿈이 나쁘면 말하지 말고, 동쪽을 향해 물을 뿜으며 주문을 외우기를 "나쁜 꿈은 초목에 달라붙고 좋은 꿈은 보물이 되어라"라고 하면 탈이 없다. 『증보산림경제』

함부로 몸을 씻지 말라

세수하기

아침마다 얼굴을 씻으면 정신이 저절로 돌아온다. 『증보산림경제』

아침에 일어나 눈 뜨자마자 얼굴을 씻지 말라. 그럼 눈이 깔깔하고, 시력을 잃으며, 눈물이 많이 난다. 『비급천금요방』, 『보양지』

매우 더울 때 냉수로 얼굴을 씻으면 눈병이 생긴다. 『수양총서』, 『산림경제』

머리 감기

무릇 집에 있을 때에는 자주 머리를 감거나 목욕하지 말아야 한다. 만약 머리를 감거나 목욕을 한다면 반드시 밀실에서 해야 한다. 이때 밀실은 너무 더워서도 안 되고 너무 추워서도 안 되니, 그러면 온갖 병을 유발한다. 『비급천금요방』, 『보양지』

배불리 먹은 뒤에 머리를 감으면 두풍에 걸린다. 『소씨제병원후총론』, 『보양지』

여자가 월경 중일 때는 머리를 감아서는 안 된다. 이로 인해 병에 걸리면 끝내 고치지 못한다. 『삼원연수참찬서』, 『보양지』

목욕법

목욕을 자주 하면 사람의 심장과 배의 기운을 빼서 권태롭게 한다. 『활인심방』

목욕을 아무 때나 하면 좋지 않다. 『운급칠첨』, 『보양지』

항상 그믐날에 목욕을 하고 초하루에 머리를 감는 것이 좋다. 『동의보감』

배부를 때는 머리 감는 것을 피해야 하고, 배고플 때는 목욕하는 것을 피해야 한다. 또 목욕을 마치고서는 약간의 음식을 먹고 나와야 한다. 『수양총서』, 『산림경제』

비록 무더위로 화끈거릴지라도 찬물로 얼굴이나 손을 씻으면 사람의 오장이 마르고 야위게 되며 체액이 준다. 하물며 찬물로 목욕을 하겠는가? 『활인심방』

몸이 매우 얼었을 때 열탕에 들어가지 말며, 매우 더울 때 갑자기 냉수를 찾지 말아야 한다. 이는 모두 해가 적지 않다. 『수양총서』, 『산림경제』

겨울에 목욕할 때는 땀을 줄줄 낼 필요가 없다. 『비급천금요방』, 『보양지』

목욕할 때는 찬바람을 맞지 말라. 『비급천금요방』, 『보양지』

목욕하고 물기가 마르지 않은 상태로 깊이 잠들면 병이 된다. 『중장경』, 『보양지』

부부가 함께 목욕하면 흉하다. 『증보산림경제』

양치질

　온갖 양생하는 방법 중에 치아보다 앞서는 일은 없다. 양치하지 않고 이를 씻지 않으면 그것이 충치의 원인이 된다. 일반적으로 더위의 독과 술로 인한 독은 항상 치아 사이에 잠복해 있는데, 그때그때 양치하여 낮게 하는 방법만 한 것이 없다. 『인재직지방론』, 『보양지』

　밥을 먹고 나면 입을 여러 번 헹궈야 한다. 이렇게 해야 치아가 썩지 않고 입에서 향기가 난다. 『비급천금요방』, 『보양지』

　음식을 먹고 나서 양치질을 하면 입안이 향기롭고 이가 상하지 않는다. 『수양총서』, 『산림경제』

　매번 새벽에 일어나 소금 한 줌을 입에 넣고 따뜻한 물을 머금은 다음 치아를 문지르고 이를 마주치기를 100번 한다. 이렇게 계속하면 불과 5일 만에 치아가 단단하고 촘촘해진다. 『비급천금요방』, 『보양지』

　잠자리에 들기 전에 따뜻한 소금물로 양치질을 하면 이가 튼튼해지고 신장에도 유익하다. 『수양총서』, 『산림경제』

　이는 저녁에 닦아야 한다. 『증보산림경제』

뜨거운 물로 양치질을 해서는 안 된다. 뜨거운 물로 양치질을 하면 이가 상한다. 『수양총서』, 『산림경제』

칫솔을 아침에 일찍 사용하는 것은 좋지 않다. 칫솔은 말꼬리로 많이 만드는데, 말꼬리는 이의 뿌리를 썩게 한다. 『수양총서』, 『산림경제』

이 마주치기

치아는 자주 마주쳐 두드려주어야 한다. 『황제내경』, 『보양지』

이를 두드리는 것이 양생하는 방법 중에 최상의 방법이니 아침저녁으로 이를 두드려서 몸의 기를 모은다. 『증보산림경제』

이는 신장(콩팥)의 끝부분이다. 아침저녁으로 이를 마주치면 이가 단단해진다. 『수양총서』, 『산림경제』

치아는 뼈의 궁극이다. 아침저녁으로 마주쳐 두드리면 치아가 썩지 않는다. 『운급칠첨』, 『보양지』

잠을 자려고 할 때 이를 마주치면 이가 튼튼해진다. 『수양총서』, 『산림경제』

밤에 다닐 때는 늘 수없이 이를 마주치면 귀신이나 사악한 것들이 침범하지 못하는데, 이는 귀신이나 사악한 것들이 그 소리를 두려워하기 때문이다. 『증보산림경제』

손톱 깎기

손톱은 힘줄의 끝부분이니, 자주 깎지 않아야 힘줄이 쇠약해지지 않는다. 『수양총서』, 『산림경제』

손톱이나 털은 모두 땅에 묻고, 물이나 불에 넣지 말아야 한다. 『수양총서』, 『산림경제』

대 · 소변의 유의사항

무릇 대변이나 소변을 보고 싶을 때는 참지 말고 즉시 보아야 한다. 소변을 참으면 5가지 임질(淋疾: 소변이 시원하게 나오지 않는 증상)이 생기고(또는 무릎이 차가워져 마비된다고 한다), 대변을 참으면 5가지 치질이 생긴다. 『수양총서』, 『산림경제』

소변을 힘주어 누지 말아야 한다. 오래도록 힘주어 누면 양쪽 무릎에 냉증이 생긴다. 대변을 힘주어 누지 말아야 한다. 오래도록 힘주어 누면 허리의 통증이 생기고 눈이 어둡게 된다. 그러니 모두 자연히 나오는 대로 내버려두어야 한다. 『수양총서』, 『산림경제』

소변을 억지로 참지 말라. 양발과 양 무릎이 차갑게 된다. 『비급천금요방』, 『보양지』

배고플 때는 앉아서 소변을 보고, 배부를 때는 서서 소변을 보는 것이 좋다. 『수양총서』, 『산림경제』

햇빛이나 달빛을 향하여 대변을 누지 말아야 한다. 『증보산림경제』

해·달·별을 향하여 소변을 누지 말아야 한다. 『증보산림경제』

오래 울지 말라. 정신이 슬퍼 오그라든다. 『운급칠첨』, 『보양지』

이목구비 건강법

눈

심장의 정기는 눈에서 발산되므로 오래 보면 심장이 손상되고, 신장의 정기는 귀에서 발산되므로 오래 들으면 신장이 손상된다. 『수양총서』, 『산림경제』

눈은 몸의 거울이고, 귀는 몸의 창문이다. 많이 보면 거울이 흐려지고, 많이 들으면 창문이 막힌다. 『수양총서』, 『산림경제』

한 가지만을 오래 보지 않으면 눈이 어두워지지 않고, 동시에 여러 가지를 듣지 않으면 귀먹지 않는다. 『수양총서』, 『산림경제』

손진인(손사막)은 이렇게 말하였다.

"시력을 다하여 멀리 보거나, 밤에 잔글씨를 읽거나 달빛에 책을 보는 것, 그리고 별을 보거나, 연기 속에 오래 있다거나, 장기와 바둑을 오래 두고, 잔글씨 쓰기를 여러 해 하는 것, 세밀한 조각을 하거나, 머리를 찔러 피를 내고, 바람을 맞으며 짐승을 쫓는 것은 모두 눈을 어둡게 하는 이유가 된다." 『수양총서』, 『산림경제』

해와 달을 오래 바라보면 눈이 손상된다. 또는 성난 눈으로 해와 달을 쳐다보면 눈이 어둡게 된다. 『수양총서』, 『산림경제』

손바닥을 더워지도록 비벼서 두 눈을 14차례 문지르면 자연히 눈에 어리는 것이 없어져 눈이 밝아지고 풍을 제거한다. 『증보산림경제』

한창 더울 때 냉수로 얼굴을 씻으면 눈을 크게 손상시킨다. 『증보산림경제』

귀

손으로 귓바퀴를 비비는 데는 횟수에 구애받지 않는다. 이는 귀의 성곽을 다스림으로써 신장의 기운을 돕고 귀먹는 것을 방지하는 것이라 하겠다. 『증보산림경제』

청력을 기르는 자는 항상 배불리 먹는다. 『증보산림경제』

아침에 막 일어나서 양손의 손가락 사이에 양쪽 귀를 끼고 위 아래로 끝까지 움직이기를 14번 하고 그치면 귀가 멀지 않게 된 다. 『심원연수참찬서』, 『보양지』

코

가운뎃손가락으로 콧등 양옆을 20~30차례 문지르면 안팎으 로 모두 열이 나서 폐가 윤활해진다. 『증보산림경제』

콧속의 털을 없애서 정신의 길을 통하게 한다. 『증보산림경제』

항상 코털을 제거해야 하니, 콧속은 정신과 기운이 출입하는 문이기 때문이다. 『양생서』, 『보양지』

사지(四肢) 운동법

팔과 손가락의 힘을 기르는 자는 항상 구부렸다 폈다 한다. 『증 보산림경제』

다리와 발꿈치의 힘을 기르는 자는 항상 거닌다. 『증보산림경제』

발은 사지의 밑 부분이니 하룻밤에 한 차례는 씻어야 한다. 또한 발을 씻고 자면 사지에 냉병이 없다고 한다. 『수양총서』, 『산림경제』

발은 따뜻해야 한다. 『증보산림경제』

발에 동상을 입었을 때는 더운물로 씻어서는 안 된다. 더운물로 씻으면 발가락이 빠진다. 『수양총서』, 『산림경제』

한 손으로는 한 발을 들고 다른 손으로는 발의 중심인 용천혈을 120번씩 교대로 문지르면 풍습(風濕: 습기로 인해 뼈마디가 저리고 아픈 병)이 제거되고 다리의 힘이 튼튼해진다. 『수양총서』, 『산림경제』

소동파가 이렇게 말하였다.
"어떤 무관이 광동·광서 지방에 근무한 것이 10여 년이 되었는데도 장기(瘴氣: 습축하고 더운 땅에서 생기는 독한 기운)에 전염되지 않고 얼굴빛이 붉고 윤택하며 허리와 발이 경쾌하였다. 이는 애당초 약을 먹은 것이 아니고, 오직 매일 아침 5시경에 일어나 앉아서 두 발을 맞대고 더워질 때까지, 용천혈을 땀이 날 때까지 무수히 문지른 효과이다." 『저기실』, 『산림경제』

장정로라는 이가 70여 세가 되었는데도 걷고 달리고 굽히고 일어남이 매우 건장하였다. 스스로 말하기를,
"일찍 일어나서 반드시 수십 번 절을 한다."
하였다. 노인은 기혈(氣血)이 많이 쌓여 잘 통하지 않으므로 절을

하게 되면 지체를 굽혔다 폈다 해서 기혈이 유창하게 되어 종신토록 수족의 병이 없게 된다. 『수양총서』, 『산림경제』

오랫동안 서 있으면 뼈를 손상시키고 신장에 병이 난다. 『증보산림경제』

오래 앉아 있으면 살을 손상시키고 비장을 피로하게 한다. 『증보산림경제』

배불리 먹고 종일토록 앉아 있으면 수명을 손상시킨다. 『증보산림경제』

여가생활의 유의사항

휴식

말라 죽은 나무 밑에서 휴식하는 것은 좋지 않다. 이는 음기가 정신을 손상시킬까 염려되기 때문이다. 『수양총서』, 『산림경제』

무덤 곁에 앉거나 눕거나 하면 정신이 저절로 흩어진다. 『수양총서』, 『산림경제』

구경

아침에 일찍 일어나 밥을 먹기 전에 시체를 보는 것은 좋지 않다. 꼭 보려고 한다면 술을 조금 마셔야 한다. 『증보산림경제』

죽이는 것을 구경하고 싸움하는 것을 보면 기가 막힌다. 『수양총서』, 『산림경제』

외출

해가 뜨면 나가고 해가 지면 들어와야 한다. 『수양총서』, 『산림경제』

갑작스런 큰바람과 폭우, 천둥, 번개, 짙은 안개는 모두 용이나 귀신이 지나가는 것이니, 마땅히 방에 들어가서 향을 피우고 조용히 앉아서 피해야 한다. 『수양총서』, 『산림경제』

안개가 많이 끼었을 때 먼 길을 가는 것은 좋지 않다. 먼 길을 가려면 마땅히 술을 조금 마셔서 안개로 인한 나쁜 기운을 막아야 한다.

옛날에 세 사람이 안개를 무릅쓰고 먼 길을 떠났는데, 한 사람은 공복이어서 죽었고, 한 사람은 죽을 먹었는데 병이 들었고, 한 사람은 술을 마시고서 무사하였다. 술은 능히 기운을 왕성하게 하고 나쁜 기운을 물리친다. 『수양총서』, 『산림경제』

사당 앞을 지날 때에는 함부로 들어가지 말 것이며, 들어갈 경우에는 반드시 삼가고 조심해야지 방자하게 둘러보아서는 안 된다. 『수양총서』, 『산림경제』

6
기를 배양하는
도인법

도인법(導引法)은 원래 도가에서 무병장수나 선인(仙人)이 되기 위해 행해지던 양생법이었다. 호흡이나 체조, 안마, 복식 등을 통해 기를 왕성하게 하는 일종의 '기 배양법'이었는데, 현대의 기공체조와 유사하다고 하겠다.

기는 인간 생명의 근원으로, 인체의 모든 활동은 기에 의해 작용하는 것이다. 당연히 기의 흐름이 좋아야 건강을 유지하고 질병을 예방할 수 있다. 그 결과 양생에서도 기를 매우 중시했는데, 대표적인 예로『보양지』의 한 구절을 살펴보자.

천지의 텅 빈 공간은 모두 기로 이루어져 있고, 사람 몸의 텅
빈 곳도 모두 기로 이루어져 있다. 그러므로 내쉬는 탁한 기는
사람 몸속의 기이고, 들이마시는 맑은 기는 천지의 기이다. 사

람이 기 속에 있는 현상은 물고기가 물속에서 헤엄치는 모습과 같다. 물고기 배 속으로 물이 드나들 수 없으면 물고기가 죽고, 사람 배 속으로 기가 드나들 수 없으면 사람 역시 죽게 되니, 그 이치가 같다. 양생을 잘하는 사람은 반드시 기의 원리에 밝을 것이다. 『섭생요의』, 『보양지』

기의 중요성을 잘 설명하고 있다. 천지가 기로 이루어져 있는 것처럼 사람 역시 기로 이루어져 있다. 기가 없으면 사람은 죽게 된다. 그러므로 양생하는 사람은 반드시 기를 배양하기 위해 노력해야 한다.

이러한 기는 호흡이나 체조, 안마, 복식 같은 각종 도인법을 일상적으로 꾸준히 실행하면 충분히 쌓을 수 있고, 나아가서는 건강을 지키고 질병을 예방할 수 있다. 실제로 현대의학에서도 도인법은 심혈관이나 호흡, 신경, 소화 계통에 모두 양호한 조절 작용을 할 뿐만 아니라 각종 질병 치료에도 충분한 효과를 발휘하고 있다고 본다.

한편, 고대 중국에서는 도인법이 의료나 양생에 널리 응용되었다. 대표적인 예로 앞에서도 언급한 한나라 고분 마왕퇴 3호분에서 출토된 「도인도」가 그것을 잘 보여준다. 또한 한나라 시대의 명의 화타도 제자 오보에게 "역대의 장수한 사람들은 일상적으로 도인법을 연습했는데, 호랑이, 사슴, 곰, 원숭이, 새들의 동작을 모방하여 허리와 관절을 놀리는 것으로 불로장생을 기약했다"고 말하면서 도인법의 하나인 오금희를 가르쳐주고 단련하게 했다.

조선 시대 양생서인 『활인심방』, 『동의보감』, 『한정록』, 『산림경제』, 『증보산림경제』, 『보양지』 등에서도 호흡이나 체조, 안마, 복식 등 다양한

도인법을 소개하고 있다. 특히 『산림경제』, 『증보산림경제』, 『보양지』에
서는 별도로 '도인' 편을 두어 그것들을 매우 비중 있게 다루고 있다. 그
뿐만 아니라 조선 시대 양생서에서는 '도인' 편 속에 '복식(服食)' 조를 두
어 여러 가지 약의 효능을 지닌 음식들을 소개하고 있다. 그러므로 이 장
에서는 조선 시대 양생서에 나타난 갖가지 도인법을 종류별로 나누어 원
문의 번역본과 함께 생생하게 살펴보고자 한다. 다만 도인법은 현대인이
이해하기 어려운 용어나 내용이 있으므로 본격적인 양생법을 소개하기
에 앞서 그에 대한 약간씩의 설명을 덧붙이고자 한다.

기 호흡법

기는 호흡에서부터 시작한다. 사람은 호흡을 통해 기를 배양할 수
있는데, 그 방법은 마치 태아가 태 속에서 호흡하는 것처럼 '깊은 호흡',
즉 복식호흡이나 단전호흡을 하는 것이다. 조선 시대 양생서에서는 이러
한 깊은 호흡을 통해 기를 기르는 방법을 다양하게 소개하고 있다.

기를 기르려면 호흡부터 조절하라

사람이 공기 속에 있음은 마치 물고기가 물속에 있는 것과 같
다. 물은 고기를 살게 해주는데도 고기는 그것을 알지 못하고, 공

기는 사람을 살게 해주는데도 사람은 그것을 깨닫지 못한다. 기를 기르는 것은 모름지기 호흡을 조절하는 데서 비롯한다. 호흡을 조절하는 방법은 먼저 고요하게 앉아서 마치 참선하듯이 마음을 맑게 하여 눈은 코를 보고 코는 배꼽을 대하여 호흡을 조절하되 헐떡거리게 하지 말아야 한다. 숨을 내쉴 때는 기가 위에서부터 내려오고, 숨을 들이쉴 때는 기가 아래서부터 올라가게 하여, 한번 올라가고 한번 내려오는 것이 마치 동작이 있는 듯 없는 듯이 하고 끊김이 있게 해서는 안 되며, 또한 억지로 견제하려 하지 말고 다만 그 호흡의 출입에 따라 약간 조정만 가할 뿐이다. 『수진신록』, 『산림경제』

앉아서 하는 초학자의 기공법 배우기

자리를 두껍게 깔고 부드러운 좌대에 앉아, 옷은 느슨히 하고 띠를 풀며, 결가부좌나 반가부좌를 하고(오른쪽 발을 왼쪽 허벅다리 위에 놓고 앉거나, 또는 그 반대로 놓고 앉는 방법을 말한다. 반가부좌는 왼쪽 발을 그대로 오른쪽 발밑에 두고, 오른쪽 발만 왼쪽 허벅다리 위에 올려놓고 앉는 방법을 말한다), 등허리와 목뼈를 서로 반듯하게 세워야 한다. 귀와 어깨를 나란히 하고, 코와 배꼽을 나란히 하고, 혀끝은 입천장에 두고서양 입술과 치아는 서로 붙인다. 눈은 약간 뜨되 완전히 감으면 안 되니, 그럼 쉬이 잠들어버릴까 싶어서이다. 몸은 부처의 모습처럼 편안하고 바르게 해야 하는데, 자세의 요체는 편안하게 몸을 펴서 자연스럽게 하는 것이다.

숨은 코로 쉬되 거칠거나, 급하거나, 참거나, 억누르면 안 된다. 숨이 출입하고 오갈 때 면면히 끊어지지 않도록 힘써야 하며, 또 의식적으로 호흡하면 안 된다. 일체의 선악도 생각하지 말아야 한다. 생각하면 자연스런 호흡을 깨게 하고, 깨면 오래갈 수 없다. 오래도록 속세의 인연을 잊고 스스로 일편단심을 이루어내어 선정(禪定: 번뇌와 근심이 없는 상태)을 마치고 나오게 되면, 서서히 몸을 움직여 평온하게 생활하는 것이다. 그럼 자연스럽게 사지가 가볍고 상쾌해지니, 이것이 이른바 '안락법(安樂法)'이다. 『복수전서』, 『보양지』

태식법(胎息法)

『태식론』에서 이렇게 말하였다.

"보통 복식은 한밤중인 자시(11~1시)가 지나 눈을 감고 바르게 앉아서 얼굴을 동쪽으로 향하고, 배 속의 오래된 기를 밖으로 두세 모금 불어 내보낸 뒤에, 숨을 멈추었다가 곧 콧속으로 맑은 기를 약간씩 여러 모금 들이마신다. 혀 밑에는 두 개의 구멍이 있어서 아래로 신장의 구멍과 통한다. 혀를 입천장에 붙이고 잠깐 숨을 멈춘다. 오래지 않아 침이 저절로 흘러나와 입에 가득 고이게 되는데, 이 침을 천천히 삼키면 자연히 오장으로 흘러 들어가게 된다. 이것이 기를 단전에 모으는 방법이다. 자시 이후 축시(1~3시) 이전에 하고 인시(3~5시) 이전에 끝내야 한다. 누워서 해도 된다." 『동의보감』

36번의 호흡 중에 첫 번째가 중요한데, 내쉴 때도 조용히 하고

들이쉴 때도 조용히 하며, 앉아서도 그렇게 하고 누워서도 그렇게 하며, 서 있을 때도 평탄하게 하고 걸을 때도 평탄하게 하며, 떠드는 곳에 가지 말고 비린 것을 먹지 말라. 그것을 '태식'이라고 하지만, 사실은 단전으로 숨을 쉬는 것이다. 이것은 병만 고칠 뿐 아니라 생명도 연장되어 오래오래 그렇게 하면 신선도 되는 것이다. 『도서전집』, 『한정록』

사람이 태 속에 있을 때는 입과 코로 호흡하지 못하고, 오직 탯줄이 어머니의 임맥(任脈: 기경팔맥의 하나. 순행과정에서 배와 가슴 부위의 장부들과 연계를 가지며, 온몸의 음경을 조절하는 경맥이다)에 연결되어 있을 뿐이다. 어머니의 임맥은 폐와 통하고, 폐는 코와 통한다. 그래서 어머니가 숨을 내쉬면 태아도 내쉬고 어머니가 숨을 들이마시면 태아도 들이마시는데, 그 기가 모두 배꼽에서 오고 간다. 지의(智顗)*가 말하였다.

"정신이 생명에 의탁한 처음에 맑은 피와 합하는데, 근본은 배꼽에 있다. 이 때문에 사람이 태어날 때 배꼽으로만 어머니와 연결되어 있다."

처음 호흡을 배울 때는 배꼽에서 나왔다가 배꼽으로 들어간다는 것을 생각하면서 몹시 가늘게 호흡을 조절해야 한다. 그런 뒤에 입과 코로 숨을 쉬지 않고 다만 배꼽으로 호흡하게 되는데, 이 모습이 마치 태중에 있을 때와 같으므로 '태식(胎息)'이라 한다.

처음에 한 모금 숨을 멈추고 배꼽으로 호흡하면서 81이나

---

*　진나라 말~수나라 초의 고승.

120까지 숫자를 세고 나서야 입으로 숨을 토해낸다. 이때 몹시 가늘게 내쉬어야 하는데, 기러기 깃털을 입과 코에 붙여두고 숨을 토해도 기러기 깃털이 움직이지 않을 정도까지 한다. 익숙해질수록 세는 수를 점점 늘려서 1,000까지 셀 수 있으면 늙은이가 다시 젊어지는데, 하루 수련에 하루만큼 젊어진다.

갈홍*은 한여름만 되면 번번이 깊은 연못 바닥으로 들어가 10일 정도 지난 뒤에야 나왔는데, 이는 숨을 멈추고 배꼽으로 호흡할 수 있었기 때문이다. 다만 숨을 멈출 줄만 알고 배꼽으로 호흡할 줄 모르면 소용없다. 『진전』, 『보양지』

조식법(調息法)

조식(숨 고르기, 호흡)을 수시로 행하면 신선이 된다. 양생하는 자 또한 이 방법을 행하지 않으면 안 된다. 새벽에 일어나 기를 수련한 다음에 곧 행하는데, 그 방법은 이렇다. 두 다리를 뻗고 편안히 앉아서 모든 생각을 버리고 서서히 코를 보며 숨을 쉬면, 코로 쉬는 숨이 자연히 서서히 길어져서 배꼽 아래까지 내려가서 그친다. 또 코를 보며 숨을 쉰다. 숨이 다시 나와서 코끝에 이르면, 천천히 전과 같이 도로 들여보낸다. 대개 마음과 숨길이 서로 의지하게 되면 열기는 내려가고 음기는 올라온다. 『증보산림경제』

---

* 동진 시대의 의학자이자 도교 수행자. 『포박자』의 저자.

육자기결: 여섯 글자 기 호흡법

육자결은 기와 혈을 통하게 하는 도인술의 하나로, '거병연수육자결(去病延壽六字訣: 병을 제거하고 수명을 늘리는 여섯 글자 비결)'의 줄임말이다. 코로 숨을 들이마셨다가 입으로 발성하며 내쉬는 방식인데, 숨을 내쉴 때 '허(噓), 희(呬), 가(呵), 취(吹), 호(呼), 희(嘻)'의 여섯 글자 소리를 내면 간, 폐, 심장, 신장, 비장 등의 기운이 좋아져서 병이 없고 수명을 연장한다는 것이다.

질병을 제거하고 수명을 늘리는 여섯 글자 비결

그 방법은 입으로 내쉬고 코로 들이마시는 것이다.

총결

간은 '허(噓)'라는 소리를 내며 눈을 크게 뜨고,

폐는 '희(呬)'라는 소리와 함께 두 손을 들어 올리며,

심장은 '가(呵)'라는 소리와 함께 정수리 위에서 손깍지를 끼고,

신장은 '취(吹)'라는 소리를 내면서 무릎을 머리와 수평이 되
　　게 끌어안는다.

비장은 '호(呼)'라는 소리를 내면서 입을 꼭 오므리고,

삼초(三焦: 상초·중초·하초. 상초는 위의 상부, 중초는 위 부근, 하초는 배꼽 아
　　래 부위를 말한다)는 객열(客熱: 합병증으로 나는 열)이 있을 때 누

워서 '희(嘻) 희(嘻)' 한다.

간의 기를 '허(噓)' 소리 내어 불기

간은 용이 다니는 길을 주관하는데, 그 담당하는 기능의 위치가 심장이라 부를 만하다. 병이 들어오면 신맛이나 매운맛을 좋아함을 더욱 느낀다.

눈 속이 붉어지고 눈물이 많이 흐른다. '허(噓)' 소리 내어 병기운을 불어버리면 병의 제거됨이 확실하기가 마치 신과 같다.

폐의 기를 '희(呬)' 소리 내어 불기

'희(呬)' 소리를 여러 번 내면 침이 생긴다. 가슴과 횡격막이 답답할 정도로 가득 차고 상초에 가래가 생긴다.

폐에 병이 들면 급히 '희(呬)' 소리를 내어 불어야 한다. 그렇게 하면 눈 아래 부위가 자연스럽게 편안해진다.

심장의 기를 '가(呵)' 소리 내어 불기

심장의 근원이 괴롭고 메마르면 급히 '가(呵)' 소리를 내어 숨을 내쉬어야 하는데, 이 방법이 신의 영역에 통하니 더 이상 좋은 방법이 없다.

목구멍 속이나 입에 부스럼이 생기면서 열이 나고 통증이 있으면 이 방법에 의지하는데, 날이 갈수록 편안하고 부드러워질 것이다.

신장의 기를 '취(吹)' 소리 내어 불기

신장은 오행의 '수'에 속하여 병이 들고 생명력이 드나드는 문을 주관한다. 질병이나 나쁜 일이 있으면 몸이 여위고 기의 색깔이 어두워진다.

눈썹이 찌푸려지고 귀울음이 있으며 피부가 검게 되고 마른다. '취(吹)' 소리를 내쉬면 사특하고 망령된 질병의 원인들이 그 즉시 달아난다.

비장의 기를 '호(呼)' 소리 내어 불기

비장은 오행의 '토'에 속하고, '태창(太倉: 위의 별명)이라 불린다. 이곳에 기가 뭉치면 모든 방법을 다 찾아보아도 어떻게 하라 가르치기가 어렵다.

설사하고 창자가 소리 내어 울며 물을 토한다. 급히 숨을 고르며 '호(呼)' 소리를 내어 불면 단(丹)을 이루는 것에 버금가는 효과가 있다.

삼초의 기를 '희(嘻)' 소리 내어 불기

삼초에 병이 있으면 급히 '희(嘻)' 소리를 내어 불어야 한다. 옛 성인께서 남긴 말씀이 최상의 의사다.

만약 혹시라도 이를 통해 꽉 막힌 것을 제거할 줄 안다면, 이 방법으로 인하지 않고 어떻게 가능하겠는가? 『활인심방』

도인체조법

　　도인체조는 호흡조절과 사지운동이 서로 결합한 것으로, 호흡을 통해 바른 기를 체내에 깊숙이 끌어들이면서 몸을 굽히거나 펴는 굴신운동을 통해 심신을 조절하는 방법이다. 현대의 요가와 비슷하다고 할 수 있다. 대표적으로 화타의 오금희(五禽戱)와 송나라 때의 팔단금(八段錦)을 예로 들 수 있다. 도인체조는 정기를 돕고 기혈을 조절하며 근골을 단련하고 관절에도 이롭다. 그러므로 일상적으로 단련한다면 병을 제거하고 몸을 건강하게 하여 장수할 수 있다고 한다.

화타의 오금희법

　　태상노군(노자)이 말했다.

　　"옛 선인들이 도인(導引)이라는 것을 하면서 짐승처럼 신체를 밀고 당겨 여러 관절을 움직이면서 늙지 않기를 구했는데, 이름을 '오금희(五禽戱)'라 했다. 발을 끌어당겨 도인을 행하였으니, 몸이 상쾌하지 않으면 일어나 그중에 1금희를 했다.

　　① 호희(虎戱: 호랑이의 동작을 본뜬 도인체조): 팔다리를 땅에 댄 뒤에 앞으로 3번 뛰어나갔다가 뒤로 3번 뛰어 돌아온다. 몸을 길게 늘여서 앞으로 내밀었다가 뒤로 당겼다가 하는데, 시선은 하늘을 쳐다보았다가 원래대로 돌아온다. 땅에 엎드려

걸어가는 동작을 앞으로 뒤로 각각 7번 한다.

② 웅희(熊戲: 곰의 동작을 본뜬 도인체조): 바로 앉아 하늘을 쳐다보며 두 손으로 무릎을 감싸고 머리를 든다. 이어서 왼쪽 발로 땅을 7번 두드리고, 오른쪽 발로 땅을 7번 두드린다. 손은 왼손과 오른손을 각각 7번씩 땅으로 민다.

③ 녹희(鹿戲: 사슴의 동작을 본뜬 도인체조): 팔다리를 땅에 대고 정수리를 끌어당겨 돌아보기를 좌우로 3번씩 한다. 다리를 뻗고 굽히기를 하는데, 왼쪽 다리를 할 때는 오른쪽 다리를 펴고, 오른쪽 다리를 할 때는 왼쪽 다리를 편다. 좌우 각각 3번씩 뻗고 굽히기를 한다.

④ 원희(猿戲: 원숭이의 동작을 본뜬 도인체조): 나무봉 같은 물건에 매달려 신체를 상하로 7번 구부렸다 폈다 한다. 다리를 나무봉 같은 물건에 걸고 거꾸로 매달리는데, 좌우로 각각 7번씩 한다. 앉아서 양손으로 나무봉 같은 물건에 매달리되 다리를 5번씩 올려서 갖다 댄다. 각 7번 한다.

⑤ 조희(鳥戲: 새의 동작을 본뜬 도인체조): 일어서서 한 발을 허공에 들고, 두 팔은 부채를 펴듯 펴는 동작을 힘을 써서 14번 한다. 앉아서 다리를 펴고 손으로 발가락 당기기를 각각 7번 한다. 두 팔을 죽 펴고 굽히기를 각각 7번 한다.

이상의 오금희를 땀이 날 때까지 힘껏 하면 몸이 가볍고 소화가 잘되며, 기력이 더해지고 온갖 병이 없어진다. 화타가 이를 행하여 100살이 넘게 살았고, 제자인 광릉의 오보에게 가르침을 전

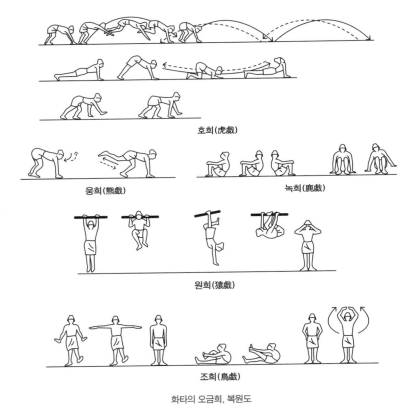

호희(虎戲)

웅희(熊戲)

녹희(鹿戲)

원희(猿戲)

조희(鳥戲)

화타의 오금희, 복원도

했더니 그 역시 오래 살았다. 「도장경」, 「보양지」

퇴계 이황의 도인법

① 눈을 감고 마음을 가다듬어 앉는다. 주먹을 쥐고 조용히 정
신을 집중한다. 이를 마주치기를 36번 한다. 두 손으로 정
수리를 감싼다.

② 좌우의 손을 잡고 목을 24번 젓는다.

③ 혀를 입안에서 휘저어 이의 구석구석을 닦아내듯 36번 돌
리면 침이 입안에 가득히 고이는데, 그것을 세 모금으로 똑
같이 나누어 마신다.

④ 잠시 숨을 멈추고 손바닥을 아주 뜨거워질 때까지 비빈다.
손을 등으로 돌려 신장 부위를 문지른다.

⑤ 머리를 숙이고 한 팔을 뒤로 돌려 주먹 쥔 손을 허리에 댄
다. 어깨를 올렸다 내렸다 흔들기를 36번 한다.

⑥ 두 팔을 모두 허리 뒤로 돌려 주먹을 쥔다. 그러고는 어깨를
올려다 내렸다 흔들기를 36번 한다.

⑦ 두 손을 깍지 끼고 머리 위로 추겨 올린다. 3차례 또는 9차
례까지 한다.

⑧ 머리를 낮추어 허리를 구부리고 두 손으로 발바닥 중심부
를 잡고 13번 정도 끌어당긴다. 그런 다음 발을 거두어 단정
히 앉는다.

「활인심방」

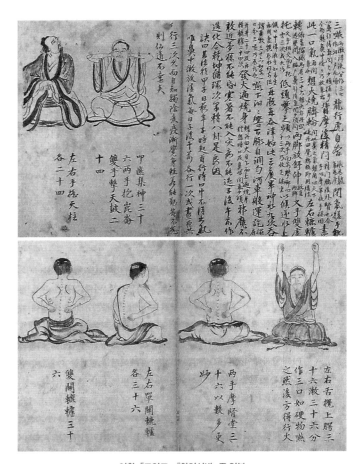

이황, 「도인도」, 『활인심방』 중 일부

조선의 양생법

도인 요법 16조항

『섭생도인』편에 이런 말이 있다.
"도인하는 요법에는 16조항이 있다.

① 항상 밤중이나 평조(3~5시)에 일어나려고 할 때 먼저 눈을 감고 주먹을 단단히 쥐며, 마음에 잡념을 버리고 단정하게 앉아서 이를 36번 마주친다.

② 양쪽 손으로 목을 감싸고서 좌우로 24번 돌린다.

③ 두 손을 깍지 끼고 허공으로 하늘을 치며, 손을 올려서 목을 24번 주무른다.

④ 양쪽 손의 한복판으로 양쪽 귀를 막고 둘째손가락으로 셋째손가락을 누르면서 뇌의 뒷부분을 24번 퉁긴다.

⑤ 양손을 서로 잡고서 왼쪽 무릎을 주무를 때는 왼쪽으로 몸을 비틀고, 오른쪽 무릎을 주무를 때는 오른쪽으로 몸을 비트는데, 24번 반복한다.

⑥ 양손으로 하나는 앞으로 향하고 하나는 뒤로 향하기를 마치 석궁을 당기는 시늉을 하는데, 24번 반복한다.

⑦ 큰대(大)자로 앉아 양쪽 손을 펴서 목의 좌우를 꼬면서 어깨와 팔을 돌아보는데, 24번 반복한다.

⑧ 양손의 주먹을 단단히 쥐고 아울러 양쪽 늑골을 받치고서 양쪽 어깨를 24번 흔든다.

⑨ 양쪽 손으로 교대하며 팔과 어깨를 두드리고, 다시 등에서 허리와 다리까지 24번 두드린다.

⑩ 큰대자로 앉아서 몸을 비스듬히 기대고 양쪽 손을 함께 위로 향하여 마치 하늘을 물리치는 듯한 시늉을 24번 한다.

⑪ 큰대자로 앉아서 다리를 뻗고 양쪽 손을 앞으로 향하여 머리를 숙이고 발을 12번 더위잡는다. 그리고 뻗었던 다리를 오그려서 무릎 위에 구부려놓고 24번 문지른다.

⑫ 양쪽 손으로 땅을 짚고서 몸을 움츠리고 등을 굽혀 위로 향해 13번 든다.

⑬ 일어서서 천천히 걸으며 양쪽 손은 주먹을 단단히 쥐고, 왼발을 앞으로 내디딜 때는 왼손은 흔들면서 앞으로 향하고 오른손은 흔들면서 뒤로 향하며, 오른발을 앞으로 내디딜 때는 오른손을 흔들면서 앞으로 향하고 왼손은 흔들면서 뒤로 향하는데, 24번 반복한다.

⑭ 손을 등 위로 마주 잡고서 천천히 돌리기를 24번 반복한다.

⑮ 서서 발을 꼬면서 앞으로 10여 보 나간다.

⑯ 높게 앉아 넓적다리를 펴고 두 발을 꼬면서 안으로 향했다가 다시 꼬면서 밖으로 향하기를 24번 반복한다.

이 16조항을 다 끝마치고는 다시 단정하게 앉아 눈을 감고 주먹을 단단히 쥔다. 그리고 잡념을 버리고 혀로는 윗잇몸을 받치고 이를 놀려서 입안 가득히 침이 생기게 하여 36번을 꿀꺽꿀꺽 소리가 나게 입안을 가신 다음 삼키고, 다시 기(氣)를 가두고 정신을 집중시켜 단전의 불기운이 아래에서 위로 올라가 온몸을 태워 안과 밖이 훈훈하게 더워진 다음에 그친다. 하루에 한두 차례씩 이렇게 하여 오래 하면 신체가 건강해지고 몸이 가벼워지며, 온 갖 나쁜 기운이 물러가고, 달리거나 말을 타도 다시는 피곤해지 지 않는다."

『수양총서』, 『산림경제』

다양한 안마법

안마는 얼굴과 사지, 피부, 머리카락 등을 손으로 누르고 문지르고 비틀고 찌르는 등 각종 동작을 통해 기와 혈액순환을 촉진하는 것을 말한 다. 안마하고 나면 몸이 가벼워지면서 기분이 상쾌해져 정신이 활달하고 피로와 원기를 회복시키는 것으로 알려져 있다.

안마의 중요성

생각은 뜻으로 기가 다니는 길을 제어하는 것이니, 안에서 밖 으로 도달하는 활동이다. 반면에 안마는 관절을 열어 기가 다니 는 길을 매끄럽게 하는 것이니, 밖에서 안으로 도달하는 활동이 다. 그러므로 의사는 안마를 행해서 기를 잘 풀어 통하도록 하고, 양생가는 안마를 귀하게 여겨 막혀 있는 기를 풀어준다. 『섭생요의』, 『보양지』

얼굴 안마법

손바닥을 열이 나게 비벼서 두 눈을 눌러 따뜻하게 하기를 7번씩 두 차례 실행하면 사람의 눈에 시력을 가로막는 장애가 없어진다. 눈을 밝게 하고 풍을 제거하는 방법으로 이보다 나은 것이 없을 뿐만 아니라 신장의 기를 보강하기도 한다.

자주 이마 위를 닦는 것을 가리켜 '하늘의 마당을 닦는다'고 말한다. 이마에서 발제(머리털이 자라는 경계)까지 닦기를 7번씩 두 차례 실행하면 얼굴빛이 저절로 환해진다. 만약 얼룩진 점들이 있는 사람은 자주 이마를 닦는 것이 좋다.

가운뎃손가락으로 콧날 뼈의 양 가장자리 문지르기를 20~30번씩 하여 안과 밖이 모두 열이 나게 하는 것을 '코에 물을 대는 일'이라 말한다. 그렇게 하면 폐가 마르지 않는다.

손으로 귓바퀴 비비기를 횟수에 관계없이 여러 번 하는 것을 '성곽을 보수하는 일'이라 말한다. 그렇게 하면 신장의 기를 보강하여 귀가 잘 들리지 않는 증세를 방지한다. 『활인심방』

택당 이식의 얼굴 수련법

택당 이식*이 옛사람의 수련하는 방법 중에서 중요하여 실행할 만한 것을 뽑아서 따로 한 방법을 만들어놓았는데, 이제 여기에 덧붙인다.

약을 먹어도 옳은 방법대로 따르지 않으면 재물만 허비할 뿐

---

*　조선 인조 때의 명신.

조선의 양생법

효과가 없다. 오직 수련하는 방법만 꾸준히 해나가면 약을 먹는 것보다 훨씬 낫다. 만약 꾸준히 하지 않으려면 약을 먹거나 수련할 필요가 없다. 다만 수련하는 방법은 한두 달 하게 되면 자연히 습관이 되어 그만두려 해도 그만둘 수 없다.

새벽에 일어나 앉아서 배 속의 탁한 기운을 뿜어내고 코로 맑은 공기를 들이마셔 입으로 내쉬고 즉시 흡입하여 보충한다. 그러고 나서 무릇 세 차례 이를 마주쳐서 36번 반복한다. 다음은 엄지손가락 등으로 눈을 14번 비빈다. 다음은 식지와 장지 사이로 코를 5~6차례 문지른다. 다음은 귀의 윤곽을 안팎으로 문질러서 정결하게 한다. 다음은 두 손을 서로 비벼 뜨겁게 해서 얼굴을 따뜻하게 하기를 세수하는 것처럼 한다. 이 방법은 마땅히 잠을 깨고 처음 일어났을 때 하는 것이지만, 비록 낮이라도 기운이 피로할 적에 때때로 행하면 자연히 정신이 맑고 상쾌해진다. 『산림경제』

팔다리 안마법

무릇 사람이 앉아 있을 때 평소 두 손으로 넓적다리를 누르고 왼쪽 오른쪽으로 어깨를 꼬아 비틀기를 수십 번씩 실행하면 기혈이 막힘없이 퍼져나가서 여러 가지 질병이 생기지 않는다. 『활인심방』

전신 안마법

무릇 사람이 조금이라도 편치 않은 데가 있으면 즉시 안마하여 모든 뼈마디를 소통시켜 나쁜 기운을 흩어버려야 한다.

대개 사람은 일이 있든 없든 매일 한 번씩 사람을 시켜 머리에서 발끝까지 안마를 해야 한다. 다만 관절과 관계된 곳은 손으로 수십 번 안마해야 하니 이를 '대도관(大度關)'이라 한다.

먼저 백회혈(정수리의 숨구멍 자리)을 시작으로, 그다음 머리의 사방 둘레, 양 눈썹 끝, 눈가, 콧잔등, 양 귓구멍과 두 귀를 순서대로 모두 어루만진다. 다음으로 풍지(후두골의 아래), 목 좌우를 모두 주무른다.

이어서 양 견갑(목 아래에서 어깨 위의 부분), 비골봉(어깨), 주골봉(팔꿈치), 손목, 열 손가락을 모두 비튼다. 다음으로 등의 척추를 안마하거나 두드린다. 다음으로 허리와 신당(척추의 배꼽과 대척점 좌우에 움푹 들어간 곳)을 모두 문지른다.

또한 가슴과 유방, 배를 모두 수없이 주무른다. 다음으로 비골(넓적다리뼈)을 두드리고, 무릎, 종아리, 복숭아뼈, 발가락, 발바닥을 모두 양손으로 비튼다.

만약 항상 이것을 행하면 풍기가 그때마다 제거되어 몸에 남아 있지 않는다. 이를 '설기(泄氣)'라 한다.

또 누워있을 때 항상 신당과 양쪽 발바닥을 어린아이를 시켜 문지르게 하는데, 각각 열이 안팎에 완전히 퍼질 때까지 하도록 한다. 신당을 문질러 열이 나면 신장에까지 퍼져 정액을 생성하기가 쉬워지고, 발바닥을 문질러 열이 나면 용천혈(발바닥의 가장 오목한 곳)에까지 퍼져 혈이 아래로 막히지 않는다. 『섭생요의』, 『보양지』

기를 내려주는 머리 빗기

옛사람들은 머리를 자주 빗을수록 좋다고 했다. 기 순환을 도와 상승한 기를 내려주기 때문이다. 실제로 오늘날 자연치유법에서도 아침마다 부드러운 솔로 온몸을 문지르거나 두드리면 피부의 혈액순환을 촉진한다고 한다.

머리카락은 혈의 나머지다

머리카락은 혈의 나머지이다. 혈이 왕성하면 머리카락이 윤기 있고, 혈이 쇠하면 머리카락도 쇠한다. 혈이 뜨거우면 머리카락이 누렇고, 혈이 차가우면 머리카락이 희어진다. 『의학입문』, 『보양지』

머리카락은 자주 빗질하면 좋다

머리카락을 자주 빗으면 풍이 오는 것을 막고 눈을 맑게 한다. 그래서 도를 닦는 사람들은 새벽마다 120번씩 빗질을 한다. 『활인심방』

머리카락은 피의 끝부분이다. 1,000번 빗질을 하면 머리카락이 희어지지 않는다. 『수양총서』, 『산림경제』

오래 살려면 머리를 자주 빗어라

『황정경』에서 이렇게 말하였다.

"사람이 오래 살려면 곤륜(머리)을 닦아야 한다."

이 말은 곧 머리를 많이 빗고, 손으로 얼굴을 자주 문지르고, 이를 자주 마주치고, 침을 늘 삼키고, 기를 정밀하게 닦아야 한다는 말인데, 이 다섯 가지를 곤륜을 닦는다고 한다. 곤륜은 머리를 말한다. 『동의보감』

침 삼키기

도가에서는 침을 매우 진귀하게 여겼다. 침은 입안의 진액이자 몸의 정기를 담고 있는 것으로, 오장육부에 수액을 대고 사지를 윤택하게 하고 혈색을 좋게 한다고 생각했다. 그래서 입안의 가래는 뱉되 침은 뱉지 말고 삼키라고 했다.

옥샘물

물이 입에 고여 있는 것을 신선세계의 연못이라 하기도 하고, '옥샘물'이라 하기도 한다. 『황정경』에서 이렇게 말하였다.

"옥샘의 맑은 물이 신령한 기운의 뿌리가 되는 곳(혀 또는 혀뿌리)

을 적시니, 그대가 만약 그곳을 수양한다면 생명이 오래 보존될
수 있다." 『활인심방』

옥천

옥천(玉泉)을 마시면 수명을 늘리고 온갖 병을 없앤다. 옥천은
바로 입안의 침이다. 새벽이나 아침, 오후, 해 질 녘, 한밤중 등 하
루 밤낮에 모두 7번 옥천으로 입을 헹구어 마신다. 매번 마실 때
마다 입에 가득히 하여 삼키면 수명을 늘린다. 『운급칠첨』, 『보양지』

침은 선약이다

도가의 진인은 이렇게 말하였다.

"입속의 진액을 금장(金漿) · 옥례(玉禮)[도가의 선약(仙藥)]라 하는
데, 하루 종일 뱉지 아니하면 정기가 늘 머물러 있어 얼굴에 광채
가 있다." 『수양총서』, 『산림경제』

침을 삼키면 장수한다

어떤 사람이 침 뱉기를 좋아했는데, 진액이 건조해지고 몸도
말랐다. 그러다가 지인을 만나 진액 돌리는 법을 배웠는데, 이를
오래 행하자 몸이 다시 윤택해졌다. 대개 사람의 몸은 진액으로
근본을 삼는데, 그 진액이 피부에서는 땀이 되고 살에서는 피가
되고 신장에서는 정액이 되고 눈에서는 눈물이 되고 입에서는 침

이 된다. 땀과 피와 정액과 눈물은 한번 나오면 모두 돌이킬 수 없지만, 침만은 다시 삼킬 수 있다. 다시 삼키면 생기가 오래 지속된다. 『수양총서』, 『산림경제』

침을 뱉지 말라

침을 멀리 뱉는 것이 가까이 뱉는 것만 못하고, 침을 가깝게 뱉는 것이 침을 뱉지 않는 것만 못하다. 『수양총서』, 『산림경제』

항상 대추씨를 물고 있으라

양생을 하는 사람은 항상 대추씨를 입에 물고 있다. 대추씨는 침을 생기게 할 수 있어 침을 삼키기에 편리하기 때문이다. 『지봉유설』, 『산림경제』

7
복식:
약이 되는 음식들

　　복식(服食)은 원래 도가에서 장생불사하는 약을 복용하는 것을 말했다. 양생에서도 몸을 건강하게 하기 위해 약의 효능을 가진 음식을 먹는 것을 매우 중시했다. 심지어 조선 시대 양생서 가운데 『산림경제』, 『증보산림경제』, 『보양지』에서는 위의 '도인' 편에 이어 따로 '복식' 조를 두어 다양한 약 음식뿐만 아니라 그 밖에도 죽, 술, 물, 보약, 베개 등의 효능이나 제조법, 복용법에 대해 자세히 소개하고 있다. 여기에서는 그중 대표적인 사례들만 소개하기로 한다.

불로장생 식품

구기자: 불로장생

구기자는 봄과 여름에는 잎을 채취하고 가을과 겨울에는 줄기와 열매를 채취하는데, 오래 먹으면 몸이 가벼워지고 기운이 더해진다. 『본초』, 『산림경제』

구기는 오래 먹으면 몸이 가벼워지고 늙지 않으며 추위와 더위를 잘 이기고 오래 살게 한다. 구기는 줄기의 껍질을 써야 하고, 지골피(구기자나무 뿌리의 껍질)는 뿌리의 껍질을 써야 하는데, 구기자는 열매를 써야 한다. 열매와 잎은 효과가 같으며, 뿌리와 줄기, 열매, 잎 모두를 먹을 수 있다. 어린잎은 국을 끓이거나 버무려서 늘 먹어도 좋다. 껍질과 열매는 가루 내어 꿀로 알약을 만들어 먹는데, 술에 담갔다가 먹어도 좋다. 『동의보감』

오가피: 최고의 영약

오가피는 오래 먹으면 몸이 가벼워지고 늙지 않는다. 뿌리와 줄기를 달여서 술 빚듯이 빚어서 먹는다. 몸을 보하는 것을 주로 하는데, 달여서 차 대신 마셔도 좋다. 오가피술이나 오가피가루를 먹고 죽지 않고 오래 사는 사람이 헤아릴 수 없이 많다. 『본초』, 『동의보감』

옛사람이 말하였다.

"차라리 한 줌의 오가피를 얻고자 하지, 수레에 가득한 금과 옥은 쓰지 않겠다."

또 말하였다.

"오가피로 술을 만들면 황금도 이보다 귀중하다고 말할 수 없다."

대개 오가피는 최고의 영약(靈藥)이다. 술을 만들면 크게 몸을 보하고 차처럼 끓여 먹어도 좋은 효과가 있다. 『지봉유설』, 『산림경제』

천문동: 보양식품

천문동은 오래 먹으면 몸이 가벼워지고 오래 살며 배고픈 줄을 모른다. 껍질과 심을 없앤 천문동 뿌리를 찧어서 가루를 내어 술에 타서 먹는다. 혹은 날것을 찧어서 즙을 낸 다음 달여서 고약을 만들어 술에 한두 숟가락씩 타서 먹는다. 한나라의 감시는 태원 사람인데, 천문동을 먹고 속세에서 300여 년을 살았다. 『본초』, 『동의보감』

천문동술 만드는 법: 뿌리를 찧어서 즙을 낸 것 두 말과 찹쌀밥 두 말을 누룩가루와 섞어 술을 빚는 것과 같이 담는다. 다 익으면 위의 맑은 것만 마신다. 마른 천문동을 가루 내어 술을 빚어도 좋다. 잉어와 함께 먹어서는 안 된다. 『의학입문』, 『동의보감』

국화도, 개인 소장

조선의 양생법

감국(국화): 노화 방지

감국(국화)은 약재가 될 수도 있고 술을 빚어 늘 먹어도 되는데, 그 싹은 노화를 방지할 수 있다. 『신은지』, 『산림경제』

감국을 먹으면 몸이 가벼워지고 늙지 않으며 오래 산다. 싹과 잎, 꽃, 뿌리 모두 먹는다. 그늘에 말려 찧어서 가루를 낸 다음 술에 타서 먹는다. 또는 꿀로 알약을 만들어 오랫동안 먹는다. 『본초』, 『동의보감』

백화(白花): 무병장수

100가지 종류의 풀꽃을 응달에 말려서 빻아 가루를 만들어 술에 타서 먹거나, 또는 달여서 즙을 내서 술을 빚어 먹으면 온갖 병을 고치고 오래 산다. 『한정록보』, 『산림경제』

황정: 노화 방지

황정(黃精: 죽대 뿌리)을 오랫동안 먹으면 몸이 가벼워지고 얼굴빛이 좋아지며 늙지 않고 배고픈 줄을 모른다. 뿌리와 줄기, 꽃과 열매 모두 먹는다. 뿌리를 캐서 먼저 팔팔 끓인 물로 충분히 쓴 즙을 없앤 다음 9번 찌고 9번 햇볕에 말려서 먹는다. 혹은 그늘에 말려 찧어서 가루를 내어 매일 깨끗한 물에 타서 먹는다. 매실을 함께 먹어서는 안 된다. 『본초』, 『동의보감』

하수오: 최고의 정력식품

하수오(何首烏)를 봄과 여름에 뿌리를 캐서 쌀뜨물에 하룻밤 담갔다가 대나무 칼로 껍데기를 긁어내고 썰어서 조각을 만들어 검은팥 즙에 담갔다가 응달에 말린 다음 감초즙에 버무려 말려서 빻아가지고 가루를 만들어 술에 2돈씩 타서 먹는다. 꿀로 환을 지어 먹기도 하는데, 자(백하수오)와 웅(적하수오)을 같이 써야 효험이 있다. 『한정록보』, 『산림경제』

하수오는 오래 먹으면 머리를 검게 하고, 정액과 골수를 늘려주며, 오래 살고 늙지 않게 한다. 하수오를 먹을 때는 파, 마늘, 비늘이 없는 생선을 피해야 하며, 약이 쇠붙이에 닿지 않도록 해야 한다. 『본초』, 『동의보감』

옛날에 하수오라는 자가 있었는데, 태어나면서부터 어리석고 허약하여 나이가 늙도록 처자가 없었다. 하루는 술에 취해 밭 가운데 누웠다가 따로 난 두 포기의 덩굴이 서로 엉켜서 3~4차례 떨어졌다 붙었다 하는 것을 보고 속으로 이상하게 여겼다. 그래서 그 뿌리를 캐가지고 햇볕에 말려 빻아서 가루를 만들어 술에 타서 7일을 먹었는데 성욕이 일어났고, 100일이 되니 오랜 병이 모두 나았으며, 10년 만에 아들 몇을 낳았고, 130세까지 살았다. 『증류본초』, 『산림경제』

복령: 노화 방지

복령은 오래 먹으면 배고픈 줄을 모르고 오래 살며 늙는 것을 물리칠 수 있다. 백복령에 흰 국화를 합하거나 혹은 백출을 합하여 임의대로 알약을 만들거나 가루 내어 늘 먹으면 좋다. 또 다른 방법으로는 백복령 껍질을 벗긴 후 술에 15일 담갔다가 꺼내 찧어서 가루를 낸 다음 한 번에 서 돈씩 하루에 3번 물에 타서 먹는다. 오래 먹으면 오래 살고 늙지 않으며, 얼굴이 어린아이같이 좋아진다. 『본초』, 『동의보감』

연근: 장수식품

연근은 오래 먹으면 몸이 가벼워지고 늙지 않으며 배고픈 줄을 모르고 오래 산다. 껍질과 속의 실을 버리고 찧어서 가루를 낸 다음 죽을 끓이거나 싸라기같이 끌로 갈아서 밥을 지어 먹는데, 오랫동안 먹어도 좋다. 또 찧어서 가루를 낸 다음 술이나 마실 것에 두 돈씩 타서 아무 때나 마신다. 오래 먹으면 장수한다. 『본초』, 『동의보감』

연근은 쪄서 먹는 것이 가장 좋으며, 식량을 대신할 수도 있다. 『증류본초』, 『산림경제』

해송자(잣): 불로장생

잣은 오래 먹으면 몸이 가벼워지고 오래 살며 배고픈 줄을 모

백로도, 개인 소장

르고 늙지 않는다. 죽을 쑤어 늘 먹는 것이 가장 좋다. 『본초』, 『동의 보감』

잣을 연하게 찧어서 계란만 하게 환을 지어 술에 타서 하루 3번씩 먹는다. 『한정록보』, 『산림경제』

창출(삽주 뿌리): 장수식품

창출은 달여서 오래 먹으면 몸이 가벼워지고 오래 산다. '산정(山精)'이라고도 한다. 『신농약경』에서는 "오래 살고 싶으면 항상 산정을 먹어라"라고 하였다. 뿌리를 캐서 쌀뜨물에 담갔다가 검은 껍질을 벗겨내고 볶은 뒤 찧은 가루 1근과 찐 복령 8냥을 섞어서 꿀로 알약을 만들어 먹는다. 또는 즙을 낸 것을 달여 술에 타서 먹거나, 걸쭉하게 달여서 알약을 만들어 먹는다. 복숭아, 오얏, 참깨, 조개, 파, 마늘, 무를 함께 먹지 말아야 한다. 『본초』, 『동의보감』

창출 5근을 찧어서 즙을 내어 복령 가루 3근을 섞어 감실(가시 연밥)만 하게 환을 지어 아침, 낮, 저녁에 3개씩 먹으면 배고프지 도 않고 늙지도 않는다. 『신은지』, 『산림경제』

호두(호도): 회춘 식품

무릇 호두를 먹을 때는 한꺼번에 먹지 말고 조금씩 먹어야 한 다. 첫날엔 1개를 먹고 5일마다 1개씩 더하되, 20개가 되면 그쳤다가 거꾸로 처음 1개로 돌아간다. 늘 복용하면 밥을 잘 먹고, 뼈와 살이 매끈해지고 윤이 나며, 수염과 머리카락이 검고 광택이 나며, 모든 혈맥을 두루 적셔주므로 여러 가지 오래된 치질을 구한다. 『식료본초』, 『보양지』

솔잎: 건강식품

솔잎을 잘게 썰어 즙으로 마시거나 국수로 먹거나, 또는 가루를 내어 환으로 복용하면 곡기를 끊을 수 있고 나쁜 질병을 치료할 수 있다. 『명의별록』, 『보양지』

솔잎을 먹는 방법은 잎을 잘게 썰어 간 다음 술로 3돈씩 먹어도 되고, 미음에 타서 먹어도 된다. 큰 검은콩을 볶아서 송진과 함께 찧어서 가루를 낸 다음 따뜻한 물에 타서 먹으면 더욱 좋다. 『동의보감』

상엽(뽕잎): 신선엽

뽕잎은 늘 복용할 수 있다. 『신선복식방』에 의하면, 4월에 뽕이 무성할 때 잎을 딴다. 또 10월 서리가 내린 후 2/3가 이미 떨어졌을 때 1/3이 남은 것을 '신선엽(神仙葉)'이라 하는데, 그것을 채취해서 4월의 잎과 함께 그늘에 말린다. 이를 찧고 가루를 낸 뒤에 환이나 산으로 만들어 임의로 복용한다. 혹은 물에 끓여 차 대신 마신다. 『도경본초』, 『보양지』

상심(뽕나무 열매): 보양식품

오래 먹으면 흰머리가 검게 변하고 늙지 않는다. 검게 잘 익은 것을 따서 햇볕에 말려 찧어서 가루를 낸 다음 꿀로 알약을 만들어 오래 먹거나 술 빚듯이 빚어서 먹는다. 몸을 보하는 것을 주로 한다. 『본초』, 『동의보감』

대추: 건강식품

대추를 고아서 환을 만들어 먹으면 그 효과를 이루 다 기록할 수 없을 정도이다. 『한정록보』, 『산림경제』

도라지: 노년의 건강식품

생도라지를 삶아서 물에 씻고, 1말이 몇 사발이 되도록 달여서 체에 내린다. 걸쭉하게 엉기면 밖에다 두고 하룻밤을 보낸다. 꿀을 약간 넣어서 아침 먹기 전에 복용하면 노인을 크게 보해준다. 『증보산림경제』

복분자: 정력식품

복분자를 4~5월에 6~7할쯤 익은 것으로 따서 뜨거운 햇볕에 말린다. 꼭지를 따버리고 술에 찌고 또 볕에 말린 다음 빻아서 체에 내려 고운 가루로 만든다. 매번 3돈씩 물에 타서 복용하면 오장을 편하게 하고 정력을 도와주며, 뜻을 강하게 하고 힘을 배가

시키며, 몸을 가볍게 하고 늙지 않게 하며, 흰머리를 검게 바꿔주고 얼굴을 젊게 바꾸어준다. 『증보산림경제』

오미자(五味子): 신선식품

5~6월에는 오미자탕을 항상 복용하여 폐의 금 기운을 보익해야 한다. 위로는 근원을 적셔주고 아래로는 신장을 보한다.

오미자 1큰홉을 나무절구에 곱게 찧은 다음 도자기병 속에 팔팔 끓인 물과 함께 넣는다. 여기에 꿀을 조금 넣어 밀봉한 뒤 불 곁에 오랫동안 두면 오미자탕이 되는데, 그것을 수시로 마신다. 『천금월령』, 『보양지』

오미(五味)라는 것은 오행의 정수요, 그 씨는 5가지 맛이 있다. 회남공 이문자*가 16년간 오미자를 복용하니 얼굴색이 옥녀(선녀)와 같았으며, 물에 들어가도 젖지 않고 불에 들어가도 타지 않았다. 『포박자』, 『보양지』

서여(마): 보양식품

서여를 옹기 속에서 곱게 간 다음 냄비 안에 넣은 뒤 수유(졸인 젖) 1큰숟가락을 넣고 졸여서 향이 나게 한다. 여기에 술 1잔을 더하고 골고루 저어 빈속에 마신다. 아침마다 한 번씩 복용하면 안

---

*   진시황 때의 선인.

조선의 양생법

색이 좋아지고, 하초(배꼽 아랫부분)가 허랭하여 소변이 잦거나 마르고 기력이 없는 증상을 보한다. 『태평성혜방』, 『보양지』

서여를 오래 복용하면 귀와 눈이 밝아지고, 몸이 가볍고, 주리지 않으며 수명을 늘린다. 『신농본초』, 『보양지』

고구마: 장수식품

주애군(중국 해남성 해구시)처럼 바다 가운데에 사는 사람들은 농사는 짓지 않고 오직 땅을 파서 고구마를 심었다가 가을에 익으면 거둔다. 이를 찌고 말려 쌀알같이 썰어서 양식에 충당한다. 이를 '저량(蕭糧)'이라 한다. 대체로 남방 사람들 중에는 흰머리와 검은머리가 섞여 있는 이가 100명에 1~2명도 없는데, 오직 바다 가운데 사는 사람들이 100여 세까지 장수하는 이가 있는 이유는 오곡이 아니라 고구마를 먹기 때문이리라. 『남방초목상』, 『보양지』

호마(胡麻: 검은깨): 불로장생

호마는 곧 검은 참깨이다. 오래 먹으면 몸이 가벼워지고 늙지 않으며, 배고픔과 갈증을 이기게 하고 오래 살게 한다. '거승(巨勝)'이라고도 한다. 꿀 1되와 호마 1되를 합하여 알약을 만든 것을 '정신환'이라고 한다. 또 다른 복용법은 호마를 9번 찌고, 9번 햇볕에 말려서 고소한 냄새가 나도록 볶은 다음 공이로 찧어서 가루를 낸다. 이것을 꿀로 탄환 크기만 한 환으로 만들어 술로

1환씩 먹는다. 독이 있는 물고기나 생채소를 함께 먹으면 안 된다. 오래 먹으면 장수한다.

　노나라의 어떤 여자가 호마와 삽주를 날것으로 먹고, 곡식을 먹지 않은 지 80여 년이 되었는데도 젊고 건강하여 하루에 300리를 갔다. 『본초』, 『동의보감』

약죽(藥粥)

흰죽

　늦벼 멥쌀로 진하게 달인다. 만일 푹 익지 않으면 사람을 상하게 한다. 매일 새벽에 일어나 한 사발씩 먹으면 흉격(심장과 비장 사이의 가슴 부분)에 이롭고, 위장을 잘 길러주며, 진액이 생겨서 하루하루 상쾌하게 만들어주며 몸을 많이 보해준다. 『증보산림경제』

　아침에 일어나 죽을 먹으면 가슴이 시원해지고, 위의 기능이 좋아지며, 진액이 잘 생기고, 하루 종일 상쾌하여 보하는 것이 적지 않다. 저녁에 멥쌀을 문드러질 정도로 걸쭉하게 끓였다가 먹는다. 『의학입문』, 『동의보감』

마죽

마는 산에서 나는 것이 좋고, 밭에서 기른 것은 맛이 없다. 마를 가져다가 껍질을 벗기고 진흙같이 되도록 해서 가루를 만든다.

매번 죽을 끓일 때 죽 한 그릇에 마가루 2홉, 꿀 2숟가락 비율로 함께 볶아서 엉기도록 하고는 숟갈로 비벼서 부수어놓는다. 죽이 다 되기를 기다려 함께 넣고 고르게 섞어서 먹는다. 『활인심방』

인유즙(사람 젖)

오장을 보하고 오래 살게 한다. 뽀얗게 살찌고 피부가 매끄러워진다. 달착지근한 냄새가 나는 젖을 쓰는데, 은그릇에 넣고 한번 확 끓어오르게 하여 새벽 4~5시에 뜨거울 때 먹는다. 젖을 입으로 빨아들인 뒤 바로 손가락으로 콧구멍을 막고 입술을 다물고 이를 붙인 상태에서 양치질하듯이 하여 젖과 침이 잘 섞이게 한 다음, 코로 공기를 들이마셔 기가 명당(明堂)에서 뇌로 들어가게 한다. 그러고 난 후 젖을 천천히 삼킨다. 보통 5~7차례 하는 것을 한 번으로 하는데, 오래 먹으면 매우 좋다.

한나라의 장창이라는 사람은 늘 젖을 먹어서 100세가 넘어서도 박처럼 뽀얗게 살이 쪘다. 『본초』, 『심법』, 『동의보감』

우유죽

우유는 맛이 달고 독이 없는데, 생우유는 약간 차다. 데워서 먹으면, 기형이 허하고 야윈 사람의 기형을 보충해주고, 답답하고 목마름을 그치게 하며, 풍과 열을 제거하고, 피부를 윤택하게 하며, 심장과 폐의 기운을 기르고, 여러 가지 열과 풍과 독을 풀어준다.

황소의 젖을 사용하고 물소는 사용하지 않는다. 죽을 쑤는데, 반쯤 익을 정도로 끓일 때 쌀 죽물을 따라 버리고 그 대신에 우유를 부어서 계속 끓인다. 죽이 익기를 기다려서 밥그릇에 퍼 담고 그릇마다 진하게 달인 우유 반 냥씩을 죽 위에 떠 놓으면 기름처럼 녹아서 퍼지며 죽 위를 덮는다. 먹을 때는 휘저어서 먹는데, 달고 맛있음이 비할 데가 없고 원기를 크게 돕는다. 『활인심방』

약주(藥酒)

구기주

구기주는 흰머리를 바꾸고 노화를 이기며 몸을 가볍게 한다.

구기자 2되를 10월 임계일(壬癸日: 천간의 아홉 번째와 열 번째의 날)에 동쪽을 향한 것으로 채취한다. 이것을 좋은 술 2되와 함께 자기병 속에 담가 21일이 되면 생지황즙 3되를 붓고 고루 저어 밀봉했다가 입춘 30일 전에 개봉한다. 빈속에 따뜻하게 한 잔씩 마신다. 입춘이 지나면 수염과 머리카락이 검어진다. 무이(느릅나무 열매), 파, 마늘을 함께 먹지 말아야 한다. 『본초강목』, 『보양지』

오가피주

오가피 뿌리껍질을 깨끗이 씻고 뼈처럼 딱딱한 부분을 제거한 다음 줄기나 잎도 함께 물에 달여 여기에 누룩, 쌀을 섞어 술을 빚는다. 혹은 잘게 썰어서 포대에 담고 술에 담갔다가 그 술을 달여 마신다. 풍습(風濕)으로 인해 손발이 저린 증상을 제거하고, 근육과 뼈를 건장하게 하며, 정수(精髓: 뼈 속의 골수)를 메운다. 『본초강목』, 『보양지』

국화주

감국화, 생지황, 구기자 뿌리껍질 각 5되를 물 1석(石)에 넣고 50되가 되도록 달인다. 찹쌀 50되로 지에밥을 짓는다. 여기에 고운 누룩을 고루 섞고 단지에 넣는다. 술이 익어 맑게 가라앉으면 따뜻하게 복용한다. 근육과 뼈를 건장하게 하고, 골수를 보익하며, 수명을 늘린다. 백국화를 쓰면 더욱 좋다. 『의학입문』, 『보양지』

백화주(百花酒)

온갖 풀꽃[百草花]은 온갖 병을 치료하고 장생하여 신선이 되게 한다. 온갖 풀꽃을 그늘에서 말린 다음 이것을 달인 물로 술을 빚어 복용한다. 『동의보감』, 『보양지』

인삼주

인삼가루에 누룩, 쌀을 함께 넣고 술을 빚거나 인삼가루를 포대에 담고 술에 담갔다가 술을 달여 마신다. 중초(심장에서 배꼽 사이의 부분. 소화 작용을 맡음)를 보하고, 기운을 북돋우며, 모든 허증(虛症)을 두루 치료한다. 『본초강목』, 『보양지』

황정주

황정과 창출 각 4근, 구기자 뿌리와 측백잎 각 5근, 천문동 3근을 달인 물 1석(石)에 누룩 10근, 찹쌀 1석을 함께 넣고 보통의 술 빚는 방법으로 만들어 마신다. 근육과 뼈를 건장하게 하고, 정수를 보익하며, 흰머리를 검게 바꾸고, 온갖 병을 치료한다. 『본초강목』, 『보양지』

상심주(桑椹酒)

뽕나무의 심과 껍질을 썰어 물 20되에 넣고 10되가 되도록 달인다. 여기에 오디를 넣고 다시 5되가 되도록 달인다. 찹쌀지에밥 5되로 술을 빚어 마신다. 수종(水腫: 몸이 붓는 병)과 창만(脹滿: 배가 몹시 불러오는 증상)을 치료한다. 『보제방』, 『보양지』

녹용주

어린 녹용(얇게 썬 것) 1냥, 맛가루 1냥을 함께 명주주머니에 싸서 술단지 속에 넣는다. 7일 후에 술단지를 열고 하루 3잔씩 마신다. 성기능이 약하고, 소변이 잦으며, 얼굴빛에 광택이 없는 증상을 치료한다. 『보제방』, 『보양지』

무술주(戊戌酒)

누런 수캐 1마리의 껍질과 내장을 제거하고 큰 가마솥에 넣어서 물 1통을 붓고 문드러지도록 푹 삶아서 뼈를 걸러내고 고기와 국물을 사용한다. 국물이 9병이 되면 찹쌀 3말을 밥처럼 쪄서 누룩 9되를 넣고 일반적인 방법으로 술을 빚고 익기를 기다린다. 공복에 1잔을 마시면 능히 양기와 원기를 도와준다. 노인에게 더욱 좋다. 『증보산림경제』

약수(藥水)

구기수

봉래현(중국 산동성 봉래시)의 남구촌에는 구기자가 많다. 그 마을 사람 중에는 장수하는 자가 많은데, 이 또한 물과 흙의 기운을 먹고 마시기 때문이리라. 또 윤주(중국 강소성 전강현) 개원사(절)의 큰 우물 옆에는 구기자가 자라는데, 세월이 오래되었다. 그곳의 토박이들이 이 우물을 '구기정(枸杞井)'이라 부르는데, 그 물을 마시면 사람에게 매우 이롭다고 한다. 『도경본초』, 『보양지』

국화수

촉 땅에 장수원(長壽源: 중국 사천성 성도시의 수원지)이 있었는데, 그 수원지에는 국화가 많아 흐르는 물의 주변 모두 국화꽃 향기가 가득했다. 그 물을 마신 사람들은 모두 200~300세를 살았다고 한다. 그러므로 도잠(도연명)을 따르는 사람들은 국화 심기를 좋아했으며, 그 물에 몸을 담그고 차를 끓여 먹어서 수명을 늘리고자 했다. 『의학정전』, 『보양지』

추로수

가을이슬[秋露]이 많을 때 쟁반으로 채취하여 엿처럼 고아 먹으면 수명을 늘리고 주림을 없앤다. 풀잎 끝부분의 가을이슬이 마르지 않을 때 채취한다. 온갖 병을 낫게 하고, 목이 마르는 소갈증을 멈추며, 몸을 가볍게 하고, 주리지 않게 하며, 피부를 밝고 윤기 있게 한다. 『본초습유』, 『보양지』

옥정수(玉井水)

옥(玉)이 나는 여러 산의 계곡에서 솟아나는 물을 말한다. 산에 옥이 있기에 초목이 윤기 있고, 몸에 옥이 있기에 모발이 검다. 옥

조선의 양생법

이 귀중한 보물인데다 물 또한 매우 영험한 것이므로 수명을 늘릴 가망이 있는 것이다. 요즘 산에 가까이 사는 사람들 중에 장수하는 자가 많은 이유도 아마 옥과 물의 효과가 아니겠는가? 이 옥정수를 오래 복용하면 신선처럼 되어 몸에 윤기가 나고 모발이 세지 않는다. 『본초습유』, 『보양지』

보약(補藥)

경옥고(瓊玉膏)

경옥고는 정기를 채워주고 골수를 보하며, 진기를 고르게 하고 병이 낫게 조리하며, 노인을 다시 젊어지게 한다. 모든 손상된 것을 보충하고 여러 병을 없애 정신이 충족하게 되며, 오장의 기가 차서 넘치고 흰머리가 검어지며, 빠진 이가 다시 생기고 걸어 다니는 것이 마치 말이 달리는 것과 같다. 하루에 여러 번 먹으면 종일 배가 고프거나 갈증이 없는 등 효과가 이루 말할 수 없다.

생지황 16근(찧어서 즙을 짠다), 인삼(곱게 가루 낸 것) 24냥, 백복령(곱게 가루 낸 것) 48냥, 꿀(불에 졸여서 찌꺼기를 없앤 것) 10근.

위의 약들을 잘 섞어서 사기 항아리 속에 넣고 기름먹인 종이 5겹으로 아가리를 싸맨 후, 다시 두꺼운 베로 항아리 아가리를 단단히 막는다. 이 항아리를 구리솥 안에 넣는데, 마치 태아가 매달

린 것처럼 물속에 매달되 항아리 아가리는 물 밖으로 나오게 한
다. 그런 다음 뽕나무 섶으로 3일 밤낮을 달이는데, 구리솥의 물
이 줄어들면 다시 따뜻한 물을 더 붓는다. 그렇게 3일이 되면 꺼
낸다. 다시 밀 먹인 종이로 항아리 아가리를 단단히 막아서 우물
속에 하루 밤낮을 담갔다가 꺼낸다. 다시 먼저 약을 달였던 구리
솥에 넣고 하루 밤낮을 더 달인 후 물기가 다 빠져나가면 약을 꺼
낸다.

먼저 약을 조금 떠서 천지신명께 제사를 지내고, 그런 다음 한
두 숟가락씩 따뜻한 술에 타서 먹는데, 술을 마시지 못하면 끓인
물로 먹는다. 하루에 2~3번씩 먹는다. 뜨거운 여름 같은 경우는
그늘지고 서늘한 곳에 두거나 얼음 속에 저장하거나 땅속에 파묻
는데, 반드시 닭이나 개의 울음소리가 들리지 않는 고요한 곳이
어야 하며, 부인이나 초상을 당한 사람이 보지 않게 한다. 만들 때
는 처음부터 끝까지 약이 쇠붙이에 닿지 않게 하고, 먹을 때는 파,
마늘, 무, 식초, 신 음식 등을 함께 먹지 말아야 한다. 『의학입문』, 『동의
보감』

연년익수불로단(延年益壽不老丹)

하수오 볶은 것 4냥, 흰 것 4냥 합하여 8냥(하수오는 쌀뜨물에 담
가 부드러워지면 대나무 칼로 껍질을 벗기고 잘게 썰어서 검은콩 삶은 물에 담가두
어 물이 잘 스며들면 그늘에서 말린다. 다시 감초즙에 버무려 햇볕에 말린 다음 가
루로 만드는데, 찌면 안 된다), 지골피(술에 씻어 햇볕에 말린 것) · 백복령(술
에 씻어 햇볕에 말린 것) 각 5냥, 생건지황(술에 하룻밤 담갔다가 햇볕에 말린

조선의 양생법

것) · 숙지황(술에 씻어 햇볕에 말린 것) · 천문동(술에 6시간 동안 담갔다가 심을 빼고 햇볕에 말린 것) · 맥문동(술에 6시간 동안 담갔다가 심을 빼고 햇볕에 말린 것) · 인삼(노두를 없앤 것) 각 3냥.

위의 약들을 곱게 가루 내어 불에 졸여 정련한 꿀로 오자대(梧子大: 환제의 크기. 오동나무씨 크기만 한 것)의 알약을 만들어 따뜻한 술로 30~50알씩 먹는다. 이 약은 천 가지를 이롭게 하고, 백 가지를 보하여 10일 혹은 한 달을 먹으면 자신도 몰라보게 좋아졌다는 것을 알 수 있다. 늘 이 약을 먹으면 그 효과를 이루 다 말하기 어렵다. 바로 이 약이 여동빈이 처음 수련을 시작할 때 복용한 약이다. 『필용방』, 『동의보감』

연령고본단(延齡固本丹)

연령고본단은 모든 허약함과 여러 가지 손상받은 것, 중년의 발기불능을 다스리고, 50세가 되기도 전에 머리가 세는 것을 치료한다. 15일을 먹으면 성 기능이 아주 왕성해지고, 한 달을 먹으면 얼굴이 어린아이 같아지고 눈은 10리를 내다보며, 복용한 지석 달이 되면 흰머리가 다시 검어지고, 오랫동안 복용하면 원기가 쇠약해지지 않고 몸이 가볍고 튼튼해져서 신선이 될 수 있다.

토사자(술로 법제한 것) · 육종용(술로 씻은 것) 각 4냥, 천문동 · 맥문동 · 생지황과 숙지황(둘 다 술로 수치한 것) · 산약 · 우슬(술로 씻은 것) · 두충(생강즙에 축여 볶은 것) · 파극(술에 담갔다가 심을 뺀 것) · 구기자 · 산수유(술에 쪄서 씨를 뺀 것) · 백복령 · 오미자 · 인삼 · 목향 · 백자인 각 2냥, 복분자 · 차전자 · 지골피 각 1냥 반, 석창포 · 천초 · 원지(감초물에 담갔다가 생강즙에 축여 볶은 것) · 택사 각 1냥.

　이 약들을 곱게 가루 내어 술에 달여 묽게 쑨 밀가루풀로 오자
대의 알약을 만들어 빈속에 따뜻한 물로 80알씩 먹는다. 부인은
당귀와 적석지를 1냥씩 더 넣는다. 무, 파, 마늘, 쇠고기, 식초나
신맛이 있는 음식, 엿이나 설탕, 양고기를 함께 먹어서는 안 된다.

『만병회춘』, 『동의보감』

건강 베개

신침법(神枕法)

　옛날 태산 아래에 한 늙은이가 살았는데, 이름은 전해지지 않
는다. 한나라 무제가 동쪽을 돌아보다가 길가의 밭에서 김을 매
는 늙은이를 보았는데, 등 뒤로 몇 척 높이나 되는 하얀 빛이 어려
있었다. 무제가 이상하게 여겨 물었다.

　"도술을 하느냐?"

　그러자 늙은이가 대답했다.

　"제가 85세 때 쇠약하고 늙어 죽음이 드리워졌으며 머리가 하
얗고 이가 헐었는데, 어떤 도사가 저에게 대추를 먹고 물을 마시
면서 곡식을 끊으라고 하며 신침(神枕) 만드는 법을 가르쳐주었습
니다. 그 속에는 32가지의 약물이 들어가는데, 그중 24가지의 약

물은 좋은 것으로, 24절기에 해당합니다. 8가지 약물은 독이 있는 것으로, 팔풍(八風)에 해당합니다. 그래서 제가 이것을 만들어 베어보니 다시 젊어지고, 하얀 머리가 검게 되고, 빠진 이가 다시 나며, 하루에 300리를 갈 수 있게 되었습니다. 지금 제 나이가 180세로 세속을 떠나 산에 들어가지는 못하고, 자손들이 그리워 다시 곡식을 먹기 시작한 지 이미 20여 년이 지났는데도 신침의 힘이 남아 있어 다시 늙지는 않고 있습니다."

무제가 그의 얼굴을 보니 50여 세 정도로 보였다. 주위 사람들에게 확인해보니 모두 그러하다고 하였다. 이에 무제가 신침 만드는 법을 전해 받고 베개로 만들었지만 곡식을 끊고 물만 마시는 것은 따르지 못하였다.

베개 만드는 방법: 5월 5일이나 7월 7일에 산속에 있는 측백나무를 베어 베개를 만든다. 길이는 1자 2치, 높이는 4치, 가운데 빈 곳의 용량은 1말 2되로 하며, 속이 빨간 측백나무로 두께가 2푼인 뚜껑을 만드는데, 뚜껑은 치밀하게 만들어 꼭 맞아야 하고, 여닫을 수 있어야 한다. 또 뚜껑 위에 3줄로 구멍을 내는데, 1줄마다 9개의 구멍을 뚫어 120개의 구멍을 좁쌀만 한 크기로 낸다. 『동의보감』

결명침

결명자로 베개를 만들어 베면 머리가 아픈 병을 치료하고, 눈을 밝게 하는 효과가 검정콩보다 뛰어나다. 『일화본초』, 『보양지』

국화침

국화로 베개를 만들어 베면 눈을 밝게 한다. 『대명본초』, 『보양지』

국화로 베개를 만들어 베면 안 된다. 오래되면 뇌를 차갑게 하기 때문이다. 『쇄쇄록』, 『보양지』

사향침

사향 1제를 베개 속에 넣어두면 사악한 기운을 물리칠 수 있다. 『오금분도결』, 『보양지』

사향 1구(具)를 목에 베고 자면 음기가 왕성하게 몰려오는 것을 물리치고 악몽을 꾸는 일이 영영 없어질 것이다. 『진고』, 『보양지』

8
양로술:
노년 양생법

　　양로술의 창시자 손사막에 의하면, 사람은 노년기에 들어서면 생리적 · 심리적으로 많은 변화를 겪게 된다고 한다. 생리적으로는 점차 식욕이 부진하고 신체가 허약해지며, 심장의 박동이 감소하고 기억력이 떨어진다. 또 피부가 광택을 잃고, 머리가 희어지며, 사지가 무겁고 동작이 굼뜨게 된다. 심리적으로는 만사가 귀찮고 마음이 허약해지며 무기력감이 드는 등 여러 가지 비정상적인 생각이 들게 된다.

　　그래서 손사막은 노인들의 경우 자신의 생리적 · 심리적 변화를 이해하고 더욱 양생에 힘써야 한다고 했다. 우선 심리적으로 일체의 부담감을 떨쳐버리고 마음을 편안하게 가져 매사에 너그럽게 처신해야 한다. 일상생활에서도 좋은 습관을 가져야 하는데, 식사는 담백하고 소화가 잘되는 것으로 해야 한다. 또 산책하거나 복식호흡을 하는 등 자신의 몸에 알맞은 운동을 꾸준히 해야 한다. 나아가 거처는 청결하고 안온한 곳에서 지내며, 의복은 깨끗하고 몸에 딱 맞기보다는 약간 여유 있게 입는 것이 좋다고 했다.

이와 같이 사람은 노년에 이르면 생리적·심리적으로 많은 변화를 겪게 되므로 젊었을 때보다 더욱 양생에 주의를 기울여야 한다. 그래서인지 일찍부터 중국에서는 노년의 양생술인 양로술이 개발되어 지속적으로 발전해왔다. 앞에서도 언급한 것처럼 양로술은 당나라의 명의 손사막에 의해 창시되었다. 이후 송나라 진직은『양로봉친술』을 저술하여 노인들의 주거지, 음식조절, 약물치료, 금기사항 등을 일러주었다. 원나라 때의 추현은 그러한『양로봉친술』을 증보하여『수친양로신서』를 편찬했는데, 서두에서 지적한 것처럼 이 책은 조선에도 전래되어 많은 영향을 끼쳤다. 명·청 시대에 이르러 양로술은 더욱 발전하여 완비되었다. 그 대표적인 양생서가 청나라 조정동이 지은『노노항언』이었다. 이 책에서는 침식, 목욕, 산책, 의복, 변기 등 노인들의 일상생활법을 자세히 서술했다.

조선 시대 양생서인『이양편』,『동의보감』,『산림경제』,『보양지』등에서도 노년 양생술인 양로술을 별도로 자세히 다루고 있는데, 특히 각종 노인병과 음식 치료법에 대해 많은 관심을 두고 있다. 대표적인 예로『보양지』에서는 비위, 눈병, 귓병, 설사, 부종, 기침, 다릿병, 치질, 풍증 등 노인병의 증상에 따른 음식 치료법이 매우 다양하고 자세하게 소개되어 있다. 그 밖에도『보양지』에서는 노인들의 마음, 거처, 신체, 의복, 음식 등의 양생법에 대해서도 별도로 정리하여 일러주고 있다. 끝으로 허균은『한정록』의 '섭생' 편 외에『성소부부고』제12권「임노인 양생설」에서 음식, 마음, 성 등 노년 양생법을 종합적으로 보여주고 있다. 그러므로 이 장에서는 조선 시대 양생서에 나타난 노년 양생법을 종류별로 나누어 원문의 번역본과 함께 생생하게 살펴보도록 하자.

허약해진 몸

노인의 병

대개 사람의 두 신장 중간의 하얀 막 속에 한 점의 움직이는 기가 있는데, 그 크기가 젓가락 머리만 하다. 이것이 변화를 부추겨서 온몸을 두루 돌아 삼초(三焦: 상초·중초·하초. 상초는 위의 상부, 중초는 위 부근, 하초는 배꼽 아래 부위를 말한다)를 찌고 음식을 소화시킨다. 밖으로는 육음(六淫: 풍, 한, 서, 습, 조, 화의 병을 일으키는 6가지 원인)을 막고, 안으로는 온갖 생각을 감당하는데, 밤낮으로 쉬지 않는다. 나이가 들어 정과 혈이 모두 소모되면 평소의 칠규(七竅: 얼굴에 있는 7개의 구멍. 귀 2, 눈 2, 코 2, 입)가 정상 작용을 벗어나 울어도 눈물이 나오지 않고 웃으면 도리어 눈물이 나며, 코에서 탁한 콧물이 많이 나고, 귀에서는 매미 소리같이 울리며, 밥을 먹는데 입이 마르고, 잠을 잘 때 침을 흘리며, 오줌이 저절로 나오고, 대변이 마르거나 설사한다. 낮에는 잠이 많고 밤에는 누워도 정신이 말똥말똥하여 잠이 오지 않는데, 이것이 노인의 병이다. 『의학입문』, 『동의보감』

70세 넘은 노인은 위험하다

70세가 넘은 노인의 혈기는 이미 쇠약해지고 정신도 닳아 없어져 마치 바람 앞의 등불같이 위험하다. 여러 가지 질병이 침입하기 쉽다. 신체가 쉽게 피로하고 머리와 눈이 어지러우며 풍기가 불순하고 고질병이 때때로 발작하여 변비와 설사, 춥고 더운 것이 노인의 정상적인 상태이다. 병이 생기면 침이나 약을 써서 치유되기도 하나 때때로 낫지 않고 위험에 빠질 수도 있다. 『양노서』, 『이양편』

노년의 질병치료법

부드러운 약으로 치료해야 한다

나이 든 사람은 비록 감기 따위의 약한 병이 있어도 강한 약을 쓰지 말고, 크게 땀을 내거나 토하게 하거나 설사를 하게 해서는 안 된다. 마땅히 부드러운 약으로 병을 치료해야 한다. 『의학입문』, 『동의보감』

먼저 음식으로 치료해본다

무릇 노인에게 병이 있으면 먼저 음식으로 치료해보고, 낫지 않은 뒤에야 약을 복용한다. 이것이 노인을 봉양하는 중요한 방법이다. 『수친양로서』, 『보양지』

식의법(食醫法)

나이가 많은 사람은 원기가 소모되어 마르고 오장이 약해졌기 때문에 음식으로 기혈을 보충해야 한다. 함부로 차게 하거나 음식을 절제하지 않고, 움직임에 때를 잃으면 병에 걸린다. 병에 걸리면 먼저 식의법을 쓰고 낫지 않으면 약을 쓴다. 『동의』, 『이양편』

기력을 보양하라

대체로 노인병의 치료법은 기력을 보양함을 위주로 한다. 『제중신편』, 『보양지』

양로술의 개요

무병장수의 비결

노인의 도는 항상 선을 생각하고 악을 생각지 않으며, 생(生)을 생각하고 사(死)를 생각지 않으며, 믿음을 생각하고 속임을 생각지 말아야 한다. 노름하느라 기력을 함부로 쓰지 않고, 무거운 것을 들지 않으며, 빨리 걷지 말아야 한다. 지나친 기쁨이나 노여움을 없애고, 너무 골똘히 보거나 듣지 않으며, 지나치게 심각하게 생각지 않으며, 지나치게 염려하지 말아야 한다. 『후생훈찬』, 『보양지』

「임노인 양생설」

강릉부 태화현에 임세적이라는 사람이 있었다. 그는 113세가 되었는데도 얼굴이 50세 남짓한 사람 같아서 보고 듣는 것이 쇠하지 않았다. 선조 36년(1603)에 내(허균)가 그를 만나보았는데, 무릎을 꿇고 절하는 모습이 마치 젊은이와 다름이 없었다. 그의 이력을 물었더니, 그가 대답했다.

"젊었을 적에 갑사(군사)로 있다가, 명종 6년(1551)에 나이가 차서 군역에서 벗어나 이곳에서 살았다."

내가 다시 물었다.

"노인장은 특별한 방술이라도 있습니까? 어쩌면 이와 같이 건강하십니까?"

노인이 대답했다.

"시골에 사는 사람이 무슨 수로 방술을 지녔겠는가?"

내가 또 물었다.

"그럼 약이라도 복용합니까?"

그가 말했다.

"복용한 적 없소."

나는 그 대답이 괴이쩍어 다시 물었다.

"세상에 진정 수양을 하지 않고도 오래 수명을 누린 이가 있습니까?"

그가 길게 대답했다.

"내가 어릴 때 병이 많아 일찍 쇠약해져서 어쩌다 조금만 배불리 먹고 나면 반드시 배 속이 더부룩하였다. 그래서 매일 5홉 정도의 묵은쌀만 먹고, 기름진 살코기며 날것 또는 찬 음식은 먹지 않았다. 그렇게 10여 년을 계속하니 병이 점점 나았다. 40세에 아내를 잃었는데, 이때는 두 아들이 장성하여 나를 봉양하기에 충분하므로 첩을 두지 아니하고, 전답을 두 아들에게 나누어 줘서 그들로 하여금 번갈아가며 먹여주도록 하였다. 그리고 겨울과 여름에는 두꺼운 갖옷과 시원한 홑옷을 형제가 교대로 마련해주도록 한 다음, 바람이 닿지 않는 으슥한 방을 골라 거처하였다. 내 두 아들이 봉양을 잘하여 성낼 일도 없고, 살림살이를 애타게 걱정하지도 않으며, 일없이 조용히 앉아서 주리면 먹고 피곤하면 잠자면서 살아온 지 60여 년이 되었다.

집이 산골짜기에 있어서 날마다 삽주 뿌리와 황정을 캐 먹었다. 이러한 세월이 오래되자 눈이 점점 밝아지고, 귀가 점점 잘 들리며, 빠졌던 이가 점점 나고, 다리 힘이 점점 강건하였다. 두 아들이 죽은 후에도 손자 다섯이 있어 그러한 봉양을 그만두지 않았기 때문에 내가 나의 원기를 보존할 수 있게 되었을 뿐이다. 내게 어찌 별다른 방술이 있겠는가?"

나는 이렇게 말하였다.

"내가 노인장의 말씀을 듣고 양생하는 방술을 얻었습니다. 신

「수성노인도」, 에밀레미술관

선이 되는 사람은 반드시 정·기·신을 보전하는 법입니다. 노인장이 다시 장가들지 아니한 것은 정을 보존한 것이고, 음식물을 가리고 배부르게 먹지 아니한 것은 기를 보전한 것이며, 화를 내거나 집안일을 걱정하지 아니한 것은 신을 보전한 것입니다. 이 세 가지가 이미 갖추어졌으니 그 많은 수명을 누리는 것이 당연합니다. 더구나 자신의 타고난 원기를 흔들지 않고 다만 주리면 먹고 피곤하면 잠자는 것은 바로 마음을 고요하게 안정시키는 첫째 관문이며, 삽주 뿌리와 황정 또한 약 중에서 상등품입니다. 노인장은 능히 그 일을 실행하고 또 능히 그것을 복용하였으니 신선이 되어 높이 올라갈 날이 어찌 멀겠습니까?"

세상에서 금단(金丹)을 수련하여 장수하고자 하는 사람은 누구나 건곤정기(乾坤鼎器), 감이부부(坎離夫婦), 용호연홍(龍虎鉛汞), 진화퇴부(進火退符)를 들먹이고, 입으로는 『참동계』, 『오진편』을 외면서 스스로 진선(眞仙)을 이룰 수 있다고 말하면서도 얻기에 조급하고 이익을 탐내어 분노하는 마음이 가슴속에 소용돌이치다가 끝내 아무것도 이루지 못합니다. 이런 사람들이 노인장을 본다면 이마에 어찌 땀이 흐르지 않겠습니까? 스승이로다, 내 스승이로다, 노인장이여." 『성소부부고』 제12권 설(說)

노년의 마음가짐

노년엔 기이함을 구하지 말라

노년기 양생의 도(道)는 기이함을 구하는 것을 귀하게 여기지 않는다는 것이다. 먼저 환상을 깨어 번뇌를 없애고 마음속의 우울함을 씻어내야 한다. 명예와 이익을 구차하게 구하지 말고, 기쁨과 노여움은 망령되게 표현하지 말고, 여색을 취하는 데는 인습을 따르지 말고, 맛은 탐내거나 즐기지 말고, 정신이나 생각은 치우치게 하지 말고, 삼강오상(사람이 지켜야 할 도리: 삼강은 군위신강, 부위부강, 부위자강. 오상은 인, 의, 예, 지, 신)을 현실에 맞게 구현하고, 가난함과 넉넉함 및 편안함과 위태로움도 편안히 받아들이면, 이 또한 수명을 기르는 바른 도리이다. 『후생후찬』, 『보양지』

노인의 음식과 보약

노인의 음식은 물러야 한다

노인의 음식은 마땅히 따뜻하고 푹 익고 연해야지, 차지고 딱딱하거나 날것과 찬 것은 좋지 않다. 『수양총서』, 『산림경제』

조금씩 자주 먹는 게 좋다

노인의 음식은 마땅히 따뜻하고 익히고 뜨겁고 부드러워야 하며, 차지고 딱딱하고 익히지 않고 찬 음식은 금해야 한다. 음식이 나오면 갑자기 배불리 먹지 말고, 다만 조금씩 자주 먹어서 비위가 쉽게 소화할 수 있도록 하며, 곡기가 항상 배 속에 있도록 한다. 만약 갑자기 배불리 먹으면 위를 손상시키는 경우가 많다. 노인의 창자와 위장은 힘이 없고 약해서 소화를 잘 시키지 못하므로 병이 들기 쉽다.

그러나 더욱 금해야 하는 일은 여러 가지 음식을 가리지 않고 먹는 것이니, 잡식하면 오미(五味)가 서로 어지러이 섞여 병이 생기기가 더 쉽다. 우유나 연유, 꿀 같은 음식은 겨울과 봄 사이에 항상 따뜻하게 먹으면 꽤 좋으나 많이 먹지 말아야 한다. 배가 불룩해져 설사가 날 걱정이 있기 때문이다. 자식 된 자는 더욱 유의해야 한다. 『후생후찬』, 『보양지』

노인의 겨울 아침 식사

노인은 겨울에는 늦게 일어나고, 순주(醇酒: 다른 것이 조금도 섞이지 않은 술)를 조금 마신 뒤에 죽을 먹는 것이 좋다. 『수양총서』, 『산림경제』

우유가 고기보다 낫다

우유는 노인에게 가장 좋다. 혈맥을 평안하게 보하고, 심기를 보익하며, 근육을 길러주고 신체를 강건케 하며, 얼굴을 윤택하게 하고 눈이 빛나게 하며, 마음을 기쁘게 하고 쇠약하지 않게 한다. 그러므로 자식 된 자는 우유를 항상 이바지하여 상시 복용할 수 있도록 해야 한다. 간혹 우유떡이나 이유식으로도 만들어 언제나 충분할 때까지 마음대로 먹을 수 있도록 해야 한다. 이는 고기보다 훨씬 낫다. 『수친양로서』, 『보양지』

우유죽

우유 1되에 고운 쌀가루를 조금 넣고 죽을 쑤어 푹 익혀서 항상 복용하면 노인에게 가장 좋다. 『종행서』, 『보양지』

우유즙 1되에 쌀눈을 약간 넣고 푹 끓인 죽을 늘 먹는데, 노인에게 가장 좋다. 『종행선방』, 『동의보감』

지금 내의원에는 우유를 솥에 넣고 분량의 한도를 정해 물을 적당량 넣고 한도가 되도록 달이다가 비로소 고운 쌀가루를 넣고 익힌 뒤 소금물을 조금 넣어 간을 조절하여 거둔다. 이를 '우락죽'이라 한다. 『제중신편』, 『보양지』

인유(人乳: 사람의 젖) 먹는 법

병이 없는 부인의 젖 2잔과 좋은 청주 반 잔. 이것을 은그릇이나 돌그릇에 같이 넣고 한 번에 확 끓어오르게 달여 단숨에 먹는다. 매일 새벽 4~5시에 한 번 먹는다. 『종행선방』, 『동의보감』

각병연수탕(却病延壽湯)

노인의 오줌이 짧고 적게 나오는 것을 치료한다.

인삼 · 백출 각 1돈, 우슬 · 백작약 각 7푼, 진피 · 백복령 · 산사육 · 당귀 · 감초 각 5푼.

여름에는 황금과 맥문동을 더 넣고, 가을과 겨울에는 당귀와 생강을 두 배로 넣는다. 오줌이 이전과 같이 정상적으로 나오면 약을 그만 먹는다. 이것이 노인 양생의 빠른 방법이다. 『의학입문』, 『동의보감』.

증손백출산(增損白朮散)

쇠약한 노인을 보양한다.

인삼 · 백출 · 백복령 · 진피 · 곽향 · 건갈 각 7푼, 목향 · 건생강 · 감초 각 3푼.

이상의 약재를 썰어 물에 달여서 아무 때나 따뜻하게 먹는다.

『단계심법부여』, 『동의보감』.

따뜻한 옷차림

내복을 입어 따뜻한 기운을 보호하라

노인은 뼈와 살이 성기고 차가우므로 바람과 추위로 중풍에 걸리기 쉽다. 만약 내복을 몸에 붙게 입어 따뜻한 기운이 몸에 붙어 있으면, 자연히 기혈이 잘 돌아 사지가 조화롭고 막힘이 없을 것이다. 몹시 더운 여름이라도 또한 웃통을 벗어 목과 목덜미를 드러내서는 안 된다. 『후생훈찬』, 『보양지』

배를 따뜻하게 덮으라

겨울에는 이불과 옷을 가볍고 부드러운 것을 사용하되 배를 따뜻하게 덮는 일이 중요하다. 『후생훈찬』, 『보양지』

봄에 단번에 솜옷을 벗지 말라

봄에 날씨가 갑자기 따뜻해져도 단번에 솜옷을 벗지 말고 한 겹씩 점차 벗어야 몸이 상하지 않을 것이다. 『후생훈찬』, 『보양지』

이경윤, 「고사탁족도」, 국립중앙박물관

노년의 몸을 보호하는 법

노인의 방에는 바람이 들어와선 안 된다

노인이 거처하는 방은 반드시 매우 빈틈없이 만들어 바람에 의해 몸이 손상되지 않도록 해야 한다. 『후생훈찬』, 『보양지』

겨울에는 밀실에서 거처하라

겨울에는 따뜻하고 깨끗한 밀실(密室)에서 거처하는 것이 가장 좋다. 『후생훈찬』, 『보양지』

겨울에는 일찍 자고 늦게 일어나라

겨울에는 일찍 자고 늦게 일어나서 서리의 찬 기운을 피하라. 『후생훈찬』, 『보양지』

여름에는 넓고 시원한 곳에서 생활하라

여름에는 너른 대청의 조용한 방에서 살아야 한다. 물이 흐르고 녹음이 있는 깨끗한 곳으로 맑고 시원한 기운이 저절로 있는 곳이어야 한다. 바람을 맞아 서늘한 기운을 몸에 들여서는 안 된다. 『후생훈찬』, 『보양지』

여름에도 바람을 맞지 말라

여름에도 바람을 맞거나 서늘한 기운을 몸속에 들이면 안 된
다. 『후생훈찬』, 『보양지』

날씨가 추울 땐 먼 길을 떠나지 말라

날씨가 추울 때 먼 길을 떠나 매서운 바람의 고통을 무릅쓰는
일은 절대로 해서는 안 된다. 『후생훈찬』, 『보양지』

나쁜 날씨를 피하라

노인은 마땅히 큰바람, 큰비, 심한 더위, 이슬과 안개, 진눈깨
비, 회오리바람, 나쁜 기운을 피해야 한다. 그것들의 고통을 무릅
쓰지 않는 것을 '큰 상서로움'이라 한다. 『후생훈찬』, 『보양지』

나가는 글:
양생은 절제와 금욕의 건강법이다

　　지금까지 근대 이후 잃어버린 양생의 전통을 새롭게 복원해보았다. 먼저 양생의 개념, 기원과 역사적 전통을 개괄적으로 살펴본 후, 조선의 양생법을 총론, 마음, 성, 음식, 신체, 도인술, 복식, 양로술 등 여덟 가지 유형으로 나누어 체계적으로 살펴보았다. 특히 조선의 양생법을 원문의 번역본을 통해 매우 생생하게 살펴보았다. 끝으로 지금까지의 내용을 토대로 조선 시대 양생법의 전반적인 특성을 간략히 정리해보자.

　　첫째, 양생은 병이 나기 전에 미리 자기 몸을 돌보는 '예방의학'의 하나였다. 옛사람들은 질병의 치료보다 예방을 더욱 중시했는데, 특히 양생법을 배우고 실천하여 질병을 예방하고자 했다. 실제로 중국의 경우 "양생과 의학은 하나다"라고 여길 정도로 양생을 매우 중시했다. 그 결과 중국에서는 양생과 의학이 역사적으로 양대 축을 형성하며 발전해왔고, 현대에도 여전히 중의학, 서양의학, 양생학의 세 가지로 분류할 정도라고 한다.

　　조선 시대 사람들도 양생을 매우 중시했다. 특히 16세기부터 유학자, 그중에서도 성리학자들이 심성 수양, 즉 몸과 마음을 수양하기 위해 양생을 적극적으로 받아들이면서 조선에서도 양생학이 본격적으로 발달했다. 또 17세기 전반기에는 양생에 심취한 유학자들에 의해 독자적인 양생서가 편찬되었고, 양생과 의학을 하나로 통합한 기념비적 작품인 『동의보감』이 탄생하기도 했다. 나아가 조선 후기에는 본격적인 양생서가 계속 출현했는데, 홍만선의 『산림경제』에 이르러 한국 양생의 전통이 확립되었고, 서유구의 『보양지』는 중국과 조선의 양생법을 총합해서 만든 한국 양생사의 걸작이었다.

　　둘째, 양생은 전인적 건강법이었다. 현대인의 건강법은 주로 음식, 운동 같은 겉으로 드러나는 신체적 건강에 치중해 있다. 그에 비해 조선 사람들의 양생법은 심신, 즉 몸과 마음의 조화가 잘 이루어져 있었다. 조선의 양생법은 음식이나 운동 같은 생리적 측면보다 마음이나 성 같은 정서적 측면을 더욱 중시했다. 또 도교의 영향을 받아 도인술이 발달했고, 노년 양생법인 양로술을 별도로 다루었다. 특히 16세기 성리학자들은 무엇보다 마음 수양을 중시했는데, 『동의보감』이나 조선 후기 양생서들도 그러한 성리학적 양생관의 영향을 받아 마음 수양을 양생의 첫걸음으로 삼았다. 그런데 현대의 심신의학에서도 우리의 건강을 위해 진정으로 필요한 것은 신체적 건강이 아니라, 주변 사람들과의 좋은 인간관계나 긍정적 마음가짐, 인생에 대한 목표의식 등 정신적 건강이라고 한다.

　　셋째, 양생은 무엇보다 정·기·신을 중시했다. 정·기·신은 인체를 유지하는 세 가지 큰 보배를 말했다. 정(精:정액)은 우리의 몸을 생기게 하는 근본 물질로, 그 양이 한정되어 있어 잘 보존하는 것이 중요하다고 보았다. 기(氣)는 온몸을 순행하며 성장·발육시키는 영양분과 같은 것으로, 호흡이나 체조, 안마, 복식 등 도인법으로 기를 배양해야 한다고 했다. 신(神: 정신)은 의식이나 지각, 사유 활동을 주관하는 것을 말했다. 물론 이들 정·기·신은 서로 밀접한 관련을 맺고 하나로 연결되어 있었다. 예컨대 『동의보감』 내경 편에서는 정·기·신의 관계를 이렇게 설명하고 있다.

> 상천옹이 말했다.
> "정은 기를 생기게 하고 기는 신을 생기게 하는데, 온몸을 기르고 지키는 데 있어 정보다 큰 것은 없다. 양생을 하는 사람들은 무엇보다 정을 보배롭게 여긴다. 정이 가득 차면 기가 왕성하고, 기가 왕성하면 신이 왕성하고, 신이 왕성하면 몸이 건강하고, 몸이 건강하면 병이 적어 몸 안으로는 오장이 널리 번성하며, 겉으로는 피부가 윤택하고 얼굴에서 빛이 나며 눈과 귀가 총명하여 늙어서도 더욱 건강하다." 『동의보감』

이처럼 정·기·신은 서로 밀접한 관련을 맺고 있으며, 그것들이 왕성하면 몸이 튼튼해져 병에 걸리지 않는다고 보았다. 그래서 양생은 무엇보다 이들 정·기·신을 손상시키지 않음을 위주로 해야 한다고 했다. 다음은 서유구의 『보양지』 '총서'에 나오는 양생법들인데, 그러한 주장을 잘 보여준다.

무릇 사람이 양생하는 데는 각각 그 방법이 있지만, 대체로 정을 손상시키거나 기를 소모하거나 신을 상하게 하지 말아야 한다. 『양생서』, 『보양지』

사람의 몸은 정·기·신이 주관하는데, 신은 기에서 생기고, 기는 정에서 생긴다. 고로 수도하는 자가 자신을 다잡고 수양하고자 한다면, 이 정·기·신 세 가지를 수련하는 일에 지나지 않는다. 『오진편주』, 『보양지』

정·기·신은 우리 몸을 주관하는 것이므로 양생하는 사람들은 이러한 정·기·신을 기르는 데 힘써야 한다는 것이다.

넷째, 양생은 욕망을 억제하고 삼가는 금욕주의적 건강법이었다. 인간의 세 가지 큰 욕망은 식욕, 성욕, 수면욕인데, 양생은 그러한 욕망을 줄이는 것이 건강을 유지하고 장수하는 비결이라고 했다. 우리나라는 조선 전기만 해도 금욕을 중시하는 풍조가 별로 없었다. 하지만 조선 중기에 들어와 절제와 금욕을 강조하는 성리학이 정착하고, 그에 영향을 받아 철저한 금욕 위주의 양생법만을 가려 실은 『동의보감』이 편찬되면서 이후 조선 양생법의 전통은 금욕 위주로 굳어져갔다.

다섯째, 양생은 자연에 순응하는 생활을 강조했다. 사람은 자연계와 밀접하게 관련되어 있으며, 몸 안의 음양은 언제나 자연계의 영향을 받아 변화한다고 보았다. 현존하는 가장 오래된 의학서인 『황제내경』에서도 사람과 자연을 하나의 정체로 보고 있다. 따라서 양생은 봄·여름·가을·겨울 사계절이나 낮과 밤의 하루 같은 자연의 변화에 순응하여 몸과

조선의 양생법

마음을 조절함으로써 건강을 유지하고 질병을 예방하도록 했다.

　끝으로 양생의 요체는 일상생활에서 실천하는 것이며, 실천이 가장 중요하다고 했다. 건강은 그저 쉽게 얻어지는 게 아니다. 평소 올바른 생활습관과 강인한 의지력, 꾸준한 실천이 있어야 지킬 수 있다. 다시 말해 철저한 자기관리가 필요하다.

참고문헌

저서

『국역 하서전집』 상, 하서선생기념사업회, 1987.

김기욱·장재석 공역, 『황제내경 소문』, 법인문화사, 2014.

김남일, 『한의학에 미친 조선의 지식인들』, 들녘, 2011.

김철수, 『장모님의 예쁜 치매』, 공감, 2014.

김현아, 『죽음을 배우는 시간』, 창비, 2020.

김호, 『허준의 동의보감 연구』, 일지사, 2000.

김휴, 오종필 옮김, 『국역 해동문헌총록』, 한밭도서관, 2013.

니시와키 슌지, 박재영 옮김, 『성공한 사람들은 왜 격무에도 스트레스가 없을까』, 센시오, 2019.

동의과학연구소, 『동의보감』 제1권 내경 편, 휴머니스트, 2002.

마르타 자라스카, 김영선 옮김, 『건강하게 나이 든다는 것』, 어크로스, 2020.

만탁 치아, 더글라스 아브람즈 아바라, 이여명 옮김, 『멀티 오르가즘 커플』, 힐링타오, 2002.

무라타 히로시, 박재현 옮김, 『장이 살아야 내 몸이 산다』, 이상, 2009.

민족의학연구원, 『몸과 마음』, 문사철, 2017.

방기호, 『남자의 밥상』, 위즈덤하우스, 2013.

백혈, 『양생술』, 문원북, 1999.

성호준, 『한국의 유학과 의학』, 심산, 2019.

(송)진직 찬, (원)추현 속증, 『수친양로신서』, 상해고적출판사, 1990.

신동원, 『조선사람의 생로병사』, 한겨레신문사, 1999.

───, 『조선의약 생활사』, 들녘, 2014.

신동원 · 김남일 · 여인석, 『한권으로 읽는 동의보감』, 들녘, 1999.

쑨리췬 외, 류방승 옮김, 『천고의 명의들』, 옥당, 2009.

안드레아스 미할젠, 페트라 토어브리츠, 박종대 옮김, 『자연으로 치료하기』, 열린책들, 2020.

안용기, 『내 몸은 내가 고친다』, 북인, 2006.

엄융의, 『건강공부』, 창비, 2020.

왕팡, 송은진 옮김, 『하버드 스트레스 수업』, 와이즈맵, 2021.

유중림, 『증보산림경제』, 농촌진흥청, 2003.

유희춘 · 김세종 외 옮김, 『미암집』 2, 경인문화사, 2013.

이문건, 김인규 옮김, 『역주 묵재일기』 1~4, 민속원, 2018.

이진수, 『한국 양생사상 연구』, 한양대학교 출판부, 1999.

임은, 문재곤 옮김, 『한의학과 유교문화의 만남』, 예문서원, 1999.

장유준, 한청광 옮김, 『양생대전』, 까치, 1993.

전순의, 『식료찬요』, 농촌진흥청, 2004.

정숙 엮음, 『활인심방』, 범우, 2008.

정우진, 『양생』, 소나무, 2020.

정을병, 『21세기 생활명상』, 범우사, 1998.

정재서 편저, 『북창 정렴 깊이 읽기』, 책미래, 2021.

정지천, 『명문가의 장수비결』, 토트, 2011.

제량 · 도홍경, 김재두 역주, 『양성연명록』, 학고재, 2013.

주영하, 『장수한 영조의 식생활』, 한국학중앙연구원 출판부, 2014.

카이바라 에키켄, 이정환 옮김, 『양생훈』, 자유문학사, 2000.

퇴계 이황 편저, 이윤회 역해, 『활인심방』, 예문서원, 2006.

풍석 서유구, 임원경제연구소 옮김, 『보양지』 1~3, 풍석문화재단, 2020.

하나리 사치코, 최태자 · 심명숙 옮김, 『노인수발에는 교과서가 없다』, 창해, 2010.

한국한의학연구회 편저, 『한국 한의학을 만든 사람들 1』, 문사철, 2015.

『한방비결』, 신동아 2001년 1월호 별책부록.

허균, 『성소부부고』 IV(한정록), 민문고, 1967.

홍만선, 『산림경제』 1, 민족문화추진회, 1982.

논문

김성수, 「16-17세기 양생서의 편찬과 그 배경」, 『한국사상사학』 24, 한국사상사학회, 2005.

_____, 「묵재일기가 말하는 조선인의 질병과 치료」, 『역사연구』 24, 역사학연구소, 2013.

김성진, 「조선후기 소품문과 양생」, 『동양한문학연구』 30, 동양한문학회, 2010.

김호, 「16세기 후반경, 향의 의료환경: 미암일기를 중심으로」, 『대구사학』 64, 대구사학회, 2001.

김흥룡, 「서유구의 『임원경제지』, 「보양지」에 나타난 양생론 연구」, 원광대 대학원 박사학위논문, 2016.

박기용, 「조선 선비의 양생법」, 『선비문화』 35, 남명학연구원, 2019.

성호준, 「『삼원연수참찬서』와 조선의 의학·양생서」, 『우계학보』 39, 우계문화재단, 2020.

신동원, 「이황의 의술과 퇴계 시대의 의학」, 『퇴계학논집』 6, 영남퇴계학연구원, 2010.

안은수, 「노수신의 심론과 양생론」, 『유학연구』 51, 충남대학교 유학연구소, 2020.

오현중, 「회남자 양생 사상 연구」, 고려대학교 대학원 철학과 석사학위논문, 2015.

이숙인, 「18세기 조선의 음식담론」, 『한국실학연구』 28, 한국실학학회, 2014.

인문중, 「양생에 관한 문헌적 고찰」, 명지대 대학원 체육학과 박사학위논문, 2007.

정우진, 「양생으로서의 방중에 관한 연구」, 『도교문화연구』 36, 한국도교문화학회, 2012.

시각자료

『산수화』 상·하, 중앙일보·동양방송, 1982.

『조선시대 풍속화』, 국립중앙박물관, 2002.

『한국민화』, 중앙일보·동양방송, 1978.

조선의 양생법